Kati Breuer

MUSIKSCHRANK AUF – UND LOS!

100 SPIELIDEEN

mit und ohne Instrument

für die *Grundschule*

Verlag an der Ruhr

Impressum

Titel
Musikschrank auf – und los!
100 Spielideen mit und ohne Instrument für die Grundschule

Autorin
Kati Breuer

Titelbildillustration und Kapiteldeckblätter (Musikschrank)
Norbert Höveler

Illustrationen
Fußzeile (Xylophon, Trommel): Norbert Höveler; Icon Biene: Anja Boretzki, alle anderen Icons: Fabiola Quadflieg (Q. Gute Grafik); ansonsten siehe Copyrighthinweise

Satz und Layout
www.qpunkt.eu

Druck
Athesia Druck GmbH, Bozen, IT

Verlag an der Ruhr
Mülheim an der Ruhr
www.verlagruhr.de

Geeignet für die Klassen 1–4

ISBN 978-3-8346-3202-9

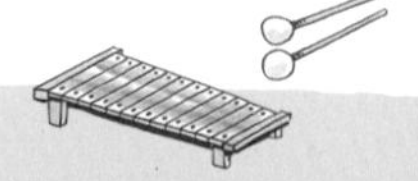

Inhaltsverzeichnis

Inhaltsverzeichnis

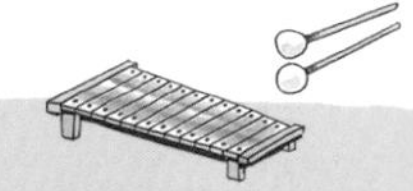

Vorwort

Liebe Leser*,

aus Erfahrung weiß ich, dass der Musikunterricht an der Grundschule oft ein wenig stiefmütterlich behandelt wird. Es sind nicht genügend ausgebildete Musik-Lehrer vorhanden, sodass viele Musikstunden fachfremd unterrichtet werden müssen. Wenn Sie vor dieser Aufgabe stehen, kann mein Buch Ihnen eine Hilfe sein: Gehen Sie einfach in den Musikraum, öffnen Sie den Instrumentenschrank und arbeiten Sie ohne große Vorbereitung mit dem, was Sie dort vorfinden. Ob Orff-Instrumente, Stabspiele oder Trommeln: Ich gebe Ihnen für all diese Instrumente Spiel- und Musizierideen an die Hand, die Sie auch ohne ein Musikstudium mit Ihren Kindern umsetzen können. Und: Für viele Spiele in diesem Buch brauchen Sie noch nicht einmal Instrumente, sondern können Sie mit der Stimme, mit Körper-Instrumenten oder Alltagsmaterial begleiten. Die Spiele sind nicht nur für den Musikraum, sondern auch für das Klassenzimmer, den Schulhof oder eine Busfahrt geeignet.
Nur Mut! Es macht viel Spaß!

Doch auch wenn Musik Ihr Unterrichtsfach ist, werden Sie sicher noch das eine oder andere Spiel, interessante Rhythmusübungen oder neue Sprechverse entdecken, die Ihren Unterricht bereichern können. Verwenden Sie sie als kleines „Bonbon" zwischendurch oder am Ende einer Unterrichtseinheit.

Zur besseren und schnelleren Übersicht habe ich alle Spiele nach folgendem **Schema** aufbereitet:

- ➜ Name des Spiels
- ➜ Lernziel
- ➜ Material
- ➜ Instrumente
- ➜ Zeitbedarf (ca.)
- ➜ Klassenstufe(n)
- ➜ Spielbeschreibung inklusive Vorbereitung
- ➜ Tipps und ggf. Variationen

Dabei gilt immer: Verwenden Sie meine Spielideen nicht als „Rezepte", die Sie unbedingt wortgetreu „nachkochen" müssen, weil sie sonst nicht funktionieren würden, sondern als Impulse für Ihre eigenen Ideen. Jedes Spiel kann und darf Ihren Bedürfnissen und denen der Kinder angepasst werden, Instrumente dürfen ausgetauscht, Verse geändert und erweitert werden.

---

* Aus Gründen der besseren Lesbarkeit haben wir in diesem Buch durchgehend die männliche Form verwendet. Natürlich sind damit auch immer Frauen und Mädchen gemeint, also Lehrerinnen, Schülerinnen usw.

Vorwort

An vielen Stellen finden Sie Verse zum rhythmischen Sprechen und ggf. Vorschläge zur instrumentalen Begleitung. Ich rate Ihnen, diese kurzen Texte auswendig zu lernen, bevor Sie sie mit den Kindern erarbeiten, damit Sie besser mit ihnen interagieren können. Wenn Sie immer ins Buch schauen müssen, ist es schwierig, den Kontakt zu den Kindern zu halten. Auch die Lieder sollten Sie natürlich selbst gut beherrschen, bevor Sie sie einführen. Die meisten werden Sie samt Melodie im Internet finden.

Achten Sie beim Einsatz der Instrumente darauf, dass die Kinder diese pfleglich behandeln und nach Gebrauch ordnungsgemäß verstauen. Musikinstrumente sind wertvoll und empfindlich, die Schüler sollen von Anfang an lernen, dass sie sorgfältig damit umgehen müssen. Am besten führen Sie ganz zu Anfang ein Stille-Signal ein (s. S. 10). Damit erleichtern Sie sich die Arbeit enorm.

Ich wünsche Ihnen viel Spaß mit meiner Auswahl der Spiele!

Kati Breuer

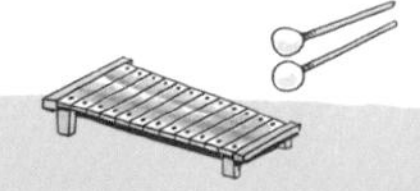

MUSIKALISCHE RITUALE

1 WIR FANGEN AN

Lernziel: Konzentration, Koordination, soziales Lernen
Material: keines
Instrumente: keine
Zeit: 5 Minuten
Klassenstufen: 2–4

So geht's:
Im Stuhlkreis oder an den Tischen sitzend, üben die Kinder zunächst das Begleitmuster ein: rechts stampfen, links stampfen, auf die Oberschenkel patschen, klatschen.

Dieses Muster wird im folgenden Vers immer wiederholt. Nehmen Sie dabei die Rolle des Vorsprechers ein, die Kinder sprechen gemeinsam nach. Beginnen Sie langsam. Sobald die Kinder sicher sind, können Sie das Tempo erhöhen.

Sprecht	mir	alle	nach	– (sprecht mir alle nach),
das	macht	wach		– (das macht wach).
Wir	fangen	an		– (wir fangen an),
alle	sind jetzt	dran		– (alle sind jetzt dran).
Gebt	gut	Acht		– (gebt gut Acht),
wie	man's	macht		– (wie man's macht):
Stam-	pfen,	pat-	schen	– (stampfen, patschen)
und	dann	klat-	schen	– (und dann klatschen).
Jetzt	sind	wir be-	reit	– (jetzt sind wir bereit):
Mu-	sik-	Spiel-	Zeit	– (Musik-Spiel-Zeit)!

Variation:
Sprechen Sie nach „Gebt gut acht, wie man's macht" den restlichen Vers schnell/langsam, hoch/tief, laut/leise, abgehackt wie ein Roboter/ mit spitzem Mund wie eine feine Dame. Die Kinder ahmen Sie bei den Antworten nach.

Tipp: Mit diesem Ritual können Sie auch verschiedene Arbeitsphasen beginnen oder morgens in den Tag starten. Dann heißt es am Ende „Arbeitszeit", „Lesezeit" usw.

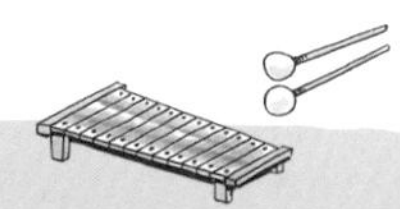

2 LET'S GO!

Lernziel: Konzentration, Koordination, Rhythmusgefühl
Material: keines
Instrumente: beliebig
Zeit: 5 Minuten
Klassenstufen: 3–4

So geht's:
Sprechen Sie gemeinsam den Vers und klatschen einmal auf jedem „go".

Lasst uns nun beginnen – let's go, let's go,
zu spielen und zu singen – let's go, let's go.
Wir singen uns're Lieder – let's go, let's go,
wir tun das immer wieder – let's go, let's go.
Mal laut und auch mal leise – let's go, let's go,
auf uns're eig'ne Weise – let's go, let's go.

Variation:
Der Vers kann auch mit Instrumenteneinsatz gesprochen werden. Jedes „go" erhält einen Schlag auf einem beliebigen Instrument.

Tipp: Erweitern Sie den Vers, indem Sie am Anfang jeweils eine Gruppe auswählen, die spricht: „Es sprechen nur die Mädchen, let's go, let's go" oder „Es sprechen die, die 9 sind, let's go, let's go", „Es spricht, wer einen Hund hat ..." usw. Wenn Sie das mehrmals hintereinander mit verschiedenen Gruppen machen, erhöht das die Spannung enorm.

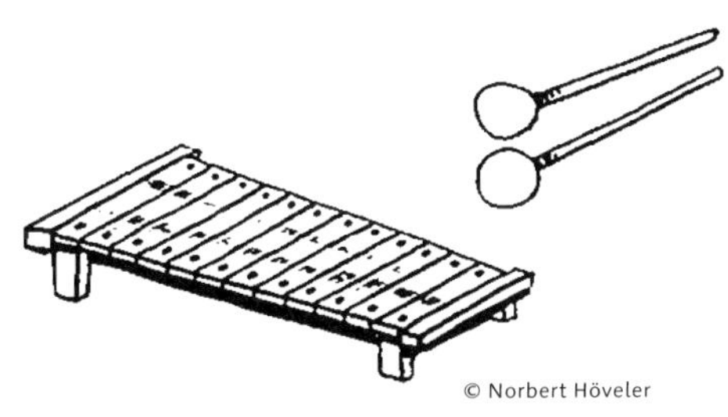

3 STILLE-SIGNAL

Lernziel: Konzentration, Koordination, soziales Lernen
Material: keines
Instrumente: beliebig
Zeit: 5 Minuten
Klassenstufen: 1–4

So geht's:

Für das gemeinsame Spiel mit Instrumenten wird ein Stille-Signal eingeübt. Da es beim Musizieren oft recht laut wird, bieten sich hier vor allem visuelle Signale an. Verabreden Sie mit den Schülern, dass es sofort still werden soll, wenn Sie z. B. beide Hände hoch über den Kopf halten, und üben Sie dies ein: Auf 3 darf jedes Kind so laut klatschen, johlen, mit den Füßen stampfen usw., wie es mag, muss Sie aber dabei genau im Auge behalten und sofort mit den Geräuschen aufhören, wenn Sie die Hände wie besprochen heben. Das Stille-Zeichen wird mehrmals geübt und auch die Schüler selbst sind reihum gern einmal Zeichengeber.

Variation:

Setzen Sie beliebige Instrumente ein, um das Zeichen zu testen – zunächst so wie oben, später auch bei der Begleitung eines Lieds, das die Kinder bereits kennen: Alle singen und spielen auf ihren Instrumenten dazu, beobachten Sie aber genau. Sobald Sie das Zeichen geben, ist es mucksmäuschenstill. Variieren Sie die Abstände, in denen Sie das Signal geben. Am meisten Spaß macht es, wenn man kurz hintereinander zuerst lossingt und -spielt und dann direkt wieder still sein muss.

Tipp: Sobald die Kinder das Stille-Signal verinnerlicht haben, können Sie es immer dann einsetzen, wenn es in der Stunde zu laut wird. Wiederholen Sie ab und zu die Übung mit dem absichtlichen Laut-Sein und der darauffolgenden Stille, weil die Kinder erfahrungsgemäß daran besonderen Spaß haben und danach leichter wieder leise sein können.

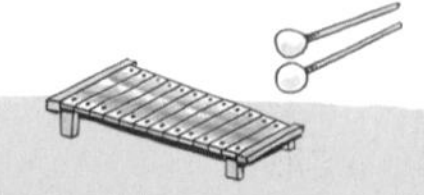

4 RHYTHMUS-SIGNAL

Lernziel: Konzentration, Koordination, soziales Lernen, Rhythmusgefühl
Material: keines
Instrumente: keine
Zeit: 5 Minuten
Klassenstufen: 1–4

So geht's:
Wenn Sie eine sehr große Gruppe von Kindern, vielleicht sogar die ganze Schule (z. B. vor einer Theateraufführung in der Aula) zur Ruhe bringen müssen, sind visuelle Signale oft nicht so wirkungsvoll. Hier hilft eine Kombination von Bewegung und Ton durch rhythmisches Klatschen.

Stellen Sie sich gut sichtbar für die Schüler auf und beginnen Sie mit einem einfachen Klatschrhythmus, z. B. „1, 2, cha-cha-cha". Klatschen Sie immer weiter, erfahrungsgemäß fangen zuerst einige, dann immer mehr Kinder ganz von selbst an, den Rhythmus mitzuklatschen.

Sobald alle Mädchen und Jungen im richtigen Rhythmus sind, brechen Sie das Klatschen mitten im Rhythmus ab. Jetzt haben Sie auf jeden Fall für einen Moment die volle Aufmerksamkeit der Kinder und können mit Ihrem Programm, Ihrer Rede o. Ä. beginnen.

Tipp: Etablieren Sie einen bestimmten, immer gleichen Rhythmus in jeder Klasse und wechseln Sie ihn wegen des Wiedererkennungswertes nicht aus. Er eignet sich natürlich auch für den Beginn einer Unterrichtsstunde oder für eine Phase, in der die Kinder unruhig werden. Nach einigen Wiederholungen wissen die Kinder genau, wofür der Rhythmus gedacht ist, und er wird dann gut funktionieren.

5 *NAMEN KLATSCHEN*

Lernziel: Konzentration, Koordination, soziales Lernen
Material: keines
Instrumente: keine
Zeit: 5 Minuten
Klassenstufen: 1–2

So geht's:
Spielen Sie am Anfang der Stunde ein Frage- und Antwortspiel mit den Kindern, indem Sie rhythmisch klatschen und dazu sprechen: „Wer ist denn heute da? Wer ist denn heute da? Wer ist denn heute da?"
Die Kinder antworten nach vorheriger Absprache ebenso rhythmisch mit „Frau Müller ist da." Sobald das Spiel bekannt ist, teilen Sie die Klasse in zwei Gruppen auf. Die erste Gruppe stellt dreimal die Frage „Wer ist denn heute da?", worauf die zweite Gruppe die rhythmische Antwort gibt: „Aleyna ist da." Danach tauschen die Gruppen die Rollen: Wer eben geantwortet hat, stellt jetzt die Frage. Es geht so reihum weiter, bis alle Kinder genannt worden sind. Am einfachsten funktioniert das Spiel, wenn die Kinder im Stuhlkreis sitzen. Bei einer anderen Sitzordnung müssen Sie evtl. jeweils vor dem Fragen auf das entsprechende Kind deuten.

Variation:
Vergleichen Sie die Namen in Bezug darauf, wie sie geklatscht klingen: Ka-ti hört sich genauso an wie Lou-is und Em-ma, Ben klingt wie Finn, Mar-len und Jo-line passen ebenfalls zusammen. Aber Vorsicht: Eine identische Silbenzahl muss nicht automatisch den gleichen Klang erzeugen, weil die Betonungen unterschiedlich sein können (Marie – Paula, Johanna – Ferdinand ...). Schreiben Sie einige Namen an die Tafel und kennzeichnen Sie die kurz gesprochenen Silben mit einem darunter gezeichneten Punkt, die betonten mit einem Strich. Lassen Sie jedes Kind den eigenen Namen auf diese Weise kennzeichnen, evtl. kann hier auch der Nachname mit einbezogen werden. Auf ein weißes Blatt malt dann jedes Kind einige Personen, Tiere oder Gegenstände und versieht diese ebenfalls mit den zuvor eingeübten Zeichen – ein erster Schritt zum Notenschreiben.

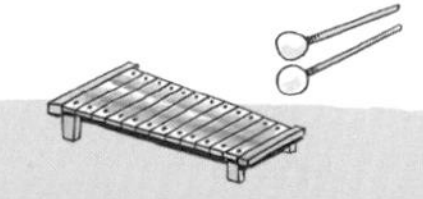

6 HEBT DIE HÄNDE, WOCHENENDE

Lernziel: Konzentration, soziales Lernen, Rhythmusgefühl
Material: keines
Instrumente: keine
Zeit: 2 Minuten
Klassenstufen: 1–4

So geht's:
Sprechen Sie den folgenden Vers gemeinsam jeden Freitag in der letzten Stunde als Einstimmung auf das Wochenende.

Eine Woche voller Arbeit haben wir geschafft,
Lesen, Schreiben, Rechnen, ja das kostet wirklich Kraft.
Lasst uns kurz zusammensteh'n und uns in die Augen seh'n.
Gleich geh'n wir nach Hause, zwei Tage Pause!
Hebt jetzt eure Hände: Schönes Wochenende!

Tipp: Die ersten 4 Zeilen können auch gut zum (zuvor eingeübten!) „We will rock you"-Rhythmus (mit einem Fuß stampfen – mit dem anderen Fuß stampfen – klatschen – Pause) gesprochen werden (jede Zeile das Rhythmusschema zweimal). Brechen Sie nach „Hebt jetzt eure Hände" den Rhythmus ab, halten die Hände nach oben über den Kopf und rufen dann gemeinsam laut die letzte Zeile.

Variation:
Ändern Sie den Anfang der letzten Zeile von Zeit zu Zeit ab: „Reicht euch jetzt die Hände ...", „Klatscht jetzt in die Hände ...", „Reibt jetzt eure Hände ..." sind denkbare Variationen. Die Schüler haben vielleicht noch mehr Ideen und können reihum entscheiden, wie die Verabschiedung ins Wochenende diesmal gestaltet wird.

7 FERIEN-LOTTERIE

Lernziel: Konzentration, soziales Lernen
Material: Liedblatt „Die Tessa zieht ein Los", Notizzettel, Stift, Schuhkarton, zusätzliches Material je nach ausgewählten Aktivitäten
Instrumente: beliebig
Zeit: 45 Minuten oder länger, je nach Art der ausgewählten Aktivitäten
Klassenstufen: 1–2

So geht's:
Vorbereitung: Überlegen Sie sich für den letzten Tag vor den Ferien unterschiedliche Aktivitäten für Ihre Schüler und schreiben Sie je eine auf einen Notizzettel: ein Lied aussuchen, eine Geschichte vorlesen (oder vorgelesen bekommen), eine Runde Gummibärchen verteilen, mit einem beliebigen Schüler den Platz tauschen usw.

Sie benötigen so viele Zettel, wie Kinder in Ihrer Klasse sind. Die Aktivitäten dürfen sich aber durchaus mehrfach wiederholen. Falten Sie alle Zettel zusammen und legen Sie sie in den Schuhkarton. Fordern Sie das erste Kind singend auf, ein Los zu ziehen (s. Lied S. 15).

Das Kind liest vor, was auf dem Zettel steht, und führt die jeweilige Aktivität durch. Danach bestimmt es, wer das nächste Los nehmen darf. Das entsprechende Kind wird wieder mit dem Lied zum Ziehen aufgefordert. Das Spiel ist zu Ende, wenn alle einmal dran waren.

Tipp: Verteilen Sie Musikinstrumente an die Kinder, mit denen das Lotterie-Lied begleitet wird. Nach jedem Durchgang werden die Instrumente getauscht, sodass am Ende jeder einmal jedes Instrument gespielt hat.

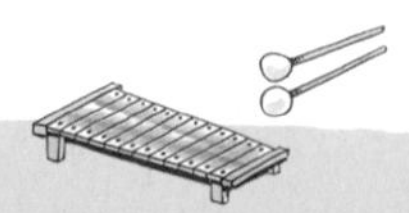

DIE TESSA ZIEHT EIN LOS

Melodie: überliefert („Ein Schneider fing 'ne Maus")
Text: Kati Breuer

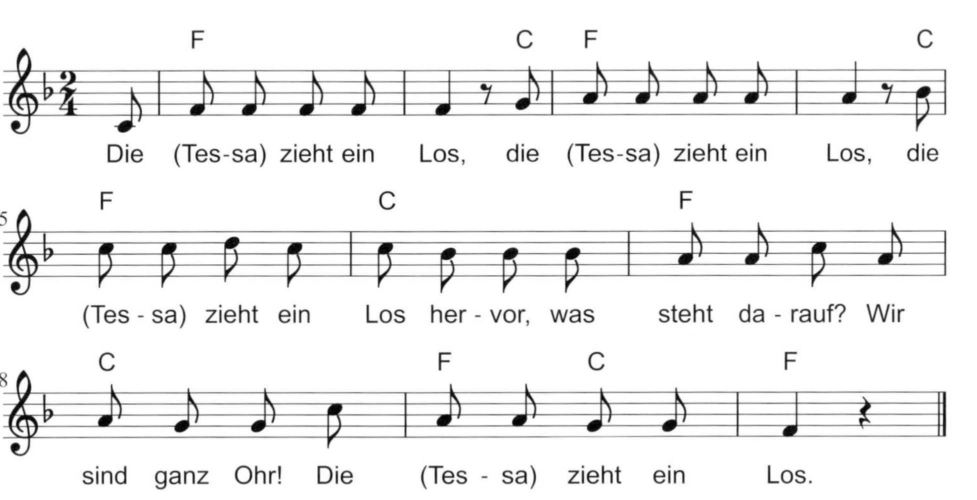

8 MUSIKALISCHE GEBURTSTAGSRAKETE

Lernziel: Konzentration, soziales Lernen
Material: keines
Instrumente: Rasseln, Klanghölzer, Triangeln, Trommeln
Zeit: 2 Minuten
Klassenstufen: 1–4

So geht's:
Die Geburtstagsrakete ist bei Kindern aller Altersstufen sehr beliebt und kann in verschiedenen Variationen gespielt werden. Sobald in Ihrer Klasse mehrere verschiedene Formen bekannt sind, kann das Geburtstagskind jeweils selbst auswählen, welche Rakete an seinem Geburtstag gestartet werden soll.

- ➜ **Mit Körper-Instrumenten:** Die Kinder ziehen zunächst pantomimisch einen Raumanzug an, starten dann die erste Stufe *(leicht auf die Oberschenkel patschen),* dann die zweite *(lauter patschen),* schließlich die dritte *(weiterpatschen und zusätzlich mit den Füßen stampfen, immer lauter werden).* Am Schluss werfen alle Kinder mit einem lauten „Ooooohhhh!" die Arme in die Luft.
- ➜ **Mit Countdown:** Alle Kinder steigen auf ihren Stuhl und beginnen den Countdown, indem sie gemeinsam von zehn bis null herunterzählen. Dies können sie je nach Klassenstufe auch auf Englisch machen. Mit jeder Zahl werden die Mädchen und Jungen lauter, bis sie schließlich bei Null bzw. Zero alle gleichzeitig von ihrem Stuhl auf den Boden springen.
- ➜ **Mit Musikinstrumenten:** Die Klasse wird in vier Gruppen eingeteilt. Jede Gruppe bekommt eine Sorte Instrumente. Die Rasseln beginnen (Stufe 1), dann kommen die Klanghölzer dazu (Stufe 2), bei Stufe 3 sind zusätzlich die Triangeln zu hören und am lautesten ist Stufe 4, wenn die Trommeln dazukommen. Das Geburtstagskind selbst beendet den geräuschvollen Start durch eine Geste: Es reißt die Arme nach oben, woraufhin alle Kinder sofort still sind.

Tipp: Die vier Instrumentengruppen lassen sich auch durch andere ersetzen. Verwenden Sie einfach das, was Ihnen zur Verfügung steht. Denkbar wäre hier auch der Einsatz von Alltagsmaterial, z. B. mit dem Bleistift auf den Tisch klopfen, mit der flachen Hand auf ein Schulheft schlagen usw.

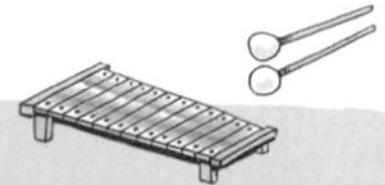

9 MALEN ZUR MUSIK

Lernziel: Entspannung, Stilleübung
Material: CD mit ruhiger Instrumental-Musik (z. B. aus dem „Karneval der Tiere" oder von einer Entspannungs-CD), Papier und Stifte oder Wasserfarben und Pinsel
Instrumente: keine
Zeit: 20 Minuten
Klassenstufen: 1–4

So geht's:
Zunächst werden die Mal-Materialien vorbereitet, damit es nach dem ersten Hören der Musik sofort losgehen kann. Instrumentalmusik, vor allem klassische, anzuhören, ist für viele Kinder ungewohnt, sind sie doch im Alltag und durch die Medien in der Hauptsache von Musik mit gesungenem Text umgeben. Lassen Sie die Schüler das ausgewählte Stück einmal anhören, ohne dass sie dabei etwas tun. Wer mag, schließt die Augen. Erst danach nehmen die Kinder die Stifte oder Pinsel zur Hand und malen bei einem zweiten Durchgang zur Musik, was ihnen einfällt. Ob sie dabei gegenständlich arbeiten möchten oder das Papier mit Mustern und Farben füllen, bleibt ihnen selbst überlassen. Häufig stellt sich eine besonders schöne, fast meditative Atmosphäre ein, sobald die Kinder sich erstmal auf diese Form des künstlerischen Ausdrucks eingelassen haben.

Je nachdem, wie Ihre Schüler bei der Sache sind, spielen Sie die Musik noch ein weiteres Mal (oder mehrere Male) ab. Variieren Sie ruhig auch einmal den Charakter der Musik, wenn Sie diese Übung öfter einsetzen möchten – man kann auch gut zu sehr rhythmischer Musik malen.

Variation:
Eine interessante Variante ist das „Malen wie Michelangelo": Hierbei klebt jedes Kind sein Papier mit Klebestreifen von unten an die Tischplatte und malt im Liegen, so wie es Michelangelo bei den Deckenmalereien in der Sixtinischen Kapelle getan hat. Ob er dabei auch Musik gehört hat, ist allerdings leider nicht bekannt. Die Kinder werden feststellen, dass diese Form des Malens sehr anstrengend ist. Die Variante eignet sich besonders gut als Einführung, wenn im Kunstunterricht über berühmte Maler gesprochen werden soll.

10 SCHUL-RAP

Lernziel: Konzentration, Sprachfähigkeit, Rhythmusgefühl
Material: Text „Schul-Rap"
Instrumente: keine
Zeit: mind. 2 Schulstunden zum Üben, 5 Minuten für die Aufführung
Klassenstufen: 3–4

So geht's:
Der Schul-Rap ist für Schulfeste, die Einschulungsfeier und andere Aufführungen gedacht. Er wirkt besonders gut, wenn die Kinder ihn auswendig können und abwechselnd in zwei oder mehr Gruppen sehr rhythmisch vortragen. Jede Gruppe übernimmt dabei immer zwei Zeilen.

Kopieren Sie den Text für alle Kinder und lassen Sie sie zunächst alles sinnerfassend lesen. Ob und wie lange dann mit Textblatt in der Hand geübt werden muss, hängt von Ihren Kindern ab. Je kürzer die zu übenden Textteile pro Gruppe sind, desto schneller können die Kinder sie auswendig. Üben Sie das abwechselnde auswendige Vortragen mehrmals und legen Sie auch fest, wer wo steht oder ob und wie die Kinder sich während des Sprechens bewegen sollen.

Die letzte Zeile sollten alle Gruppen zusammen sprechen, das „Ok, das war's" als Pointe am Schluss sorgt oft für besonders viel Applaus.

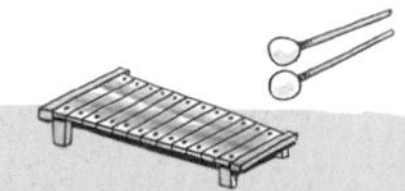

SCHUL-RAP

1.
Liebe Leute, hört gut zu:
Wir berichten euch im Nu,
wie's in unsr'er Schule ist,
weil ihr das ja noch nicht wisst.

2.
Früh am Morgen, kurz vor 8,
wird das Schultor aufgemacht.
Schüler, Lehrer sind bereit,
es ist wieder Arbeitszeit.

3.
Mancher ist noch nicht ganz
wach,
jeder hat sein Lieblingsfach:
Texte lesen, Bilder malen,
Englisch lernen oder Zahlen.

4.
Gruppenarbeit, Rest zu Hause,
endlich kommt die große
Pause.
Auf dem Schulhof ist was los,
der Radau ist riesengroß.

5.
Keiner mag mehr leise sitzen,
auf dem Schulhof kann man
flitzen.
Fröhlich rennen wir herum
und schon ist die Pause um.

6.
Drinnen geht die Arbeit weiter,
manchmal schwierig, meistens
heiter.
Bleistift spitzen, Film ansehen,
1 x 1 und Kordeln drehen.

7.
Mathe, Englisch, Deutsch,
Textil,
in der Schule lernt man viel.
Ist der Unterricht dann aus,
geh'n wir alle froh nach Haus.

8.
Meistens macht das alles Spaß.
Manchmal nicht.
Ok, das war's.

11 INSTRUMENTENKREIS

Lernziel: Instrumente kennenlernen und benennen
Material: keines
Instrumente: für jedes Kind ein Rhythmusinstrument, möglichst unterschiedliche
Zeit: 20 Minuten
Klassenstufen: 1–4, je nach Vorerfahrung

So geht's:
Die Kinder bilden einen Stuhl- oder Sitzkreis. Stellen Sie nacheinander alle Instrumente vor, indem Sie sie zeigen, benennen und einige Töne darauf spielen. Sobald alle Instrumente vorgestellt wurden, darf der Reihe nach immer ein Kind in die Mitte gehen und sich eines aussuchen. Fragen Sie dabei: „Weißt du noch, wie das Instrument heißt?"

Singen Sie, wenn alle Instrumente verteilt sind, mit den Kindern ein Lied, das alle gut kennen, und musizieren Sie gemeinsam dazu. Danach steht jeder auf, lässt sein Instrument aber am Platz liegen und rückt im Uhrzeigersinn um einen Platz weiter. Dort liegt jetzt ein neues Instrument, mit dem das nächste Lied begleitet wird usw.

Im Idealfall machen Sie dies so lange, bis jeder Schüler wieder auf dem ursprünglichen Platz angekommen ist, sodass am Schluss jeder einmal alle Instrumente spielen durfte.

Variation:
Ist Ihre Klasse sehr groß, sodass das Spiel zu lange dauern würde, suchen Sie sich am besten ein Lied aus, das einen deutlich erkennbaren Refrain und viele kurze Strophen hat, z. B. „Die Affen rasen durch den Wald".
Die Kinder musizieren hier immer nur während des Refrains – die Strophen werden unbegleitet gesungen – und rücken nach jeder Strophe einen Platz weiter.

Weitere geeignete Lieder für diese Variante sind „Ein Vogel wollte Hochzeit machen", „Der Cowboy Jim aus Texas" und „Ein Mann, der sich Kolumbus nannt'".

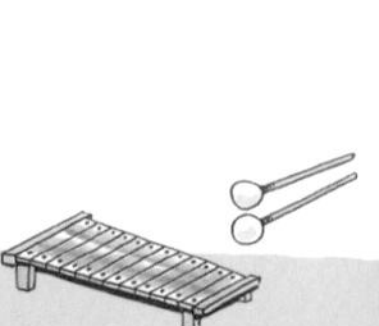

Kapitel 2

MUSIKALISCHE SPIELE IM FRÜHLING

Blüten: © Q. Gute Grafik

1 BUNTE FRÜHLINGSBLUMEN

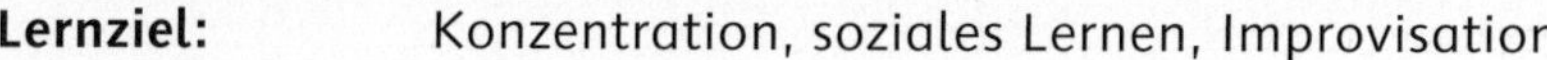

Lernziel:	Konzentration, soziales Lernen, Improvisation
Material:	Liedblatt „Blauer, blauer Fingerhut"
Instrumente:	für jedes Kind ein beliebiges
Zeit:	20 Minuten
Klassenstufen:	1–2

So geht's:

Jedes Kind bekommt ein beliebiges Musikinstrument und sucht sich damit einen Platz im Raum. Alle Kinder stellen Frühlingsblumen dar, die noch nicht erblüht sind. Spielen Sie die Sonne, die die Blumen weckt, indem Sie von einem Kind zum anderen gehen und ihm einen leisen Ton, z. B. auf Fingerzimbeln, vorspielen. Die so geweckte „Blume" darf eine kleine Improvisation auf ihrem Instrument spielen. Ist sie damit fertig, gehen Sie zum nächsten Kind. So geht es reihum, bis alle Blumen erwacht sind.

Spielen Sie anschließend mit den Instrumenten das Kreisspiel „Blauer, blauer Fingerhut".

Die Kinder mit ihren Instrumenten bilden einen Kreis, ein Kind steht in der Mitte. Alle singen das Lied und spielen dazu auf den Instrumenten bis zur Stelle „Blumen alle Tage". Nun wird der Name des Kindes in der Mitte genannt, das, wie im Text angegeben, zuerst gar nicht, dann mittellaut und schließlich lauter ein Solo auf seinem Instrument spielt. Danach sucht es ein neues Kind aus und tauscht mit diesem den Platz. So geht es weiter, bis alle an der Reihe waren.

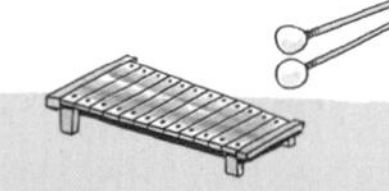

BLAUER, BLAUER FINGERHUT

Melodie: überliefert
Textbearbeitung: Kati Breuer

D G D D
Blau - er, blau - er Fin - ger - hut, Blu - men al - le
gel - ber, gel - ber Schä - fer - hut,

4 A7 D G D G
Ta - ge, (An - na), du sollst lei - se sein, (An - na), du sollst

8 D G D
spie - len, (An - na), du sollst lau - ter spie - len

11 A7 D
und ei - ne an - d're neh - men.

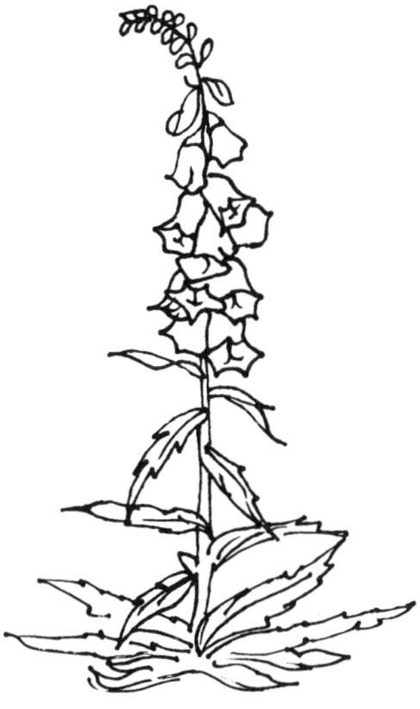

2 FRÜHLINGS-RAP

Lernziel: Konzentration, soziales Lernen, Rhythmusgefühl
Material: Text „Frühlings-Rap"
Instrumente: für die Variation: kurz klingende Rhythmusinstrumente (z. B. Klanghölzer, Holzblocktrommeln, Röhrentrommeln)
Zeit: 20 Minuten
Klassenstufen: 3–4

So geht's:
Kopieren Sie den Frühlings-Rap für alle Kinder und lassen Sie sie den Text zunächst für sich lesen. Teilen Sie die Klasse dann in 4er-Gruppen ein. Jedes Gruppenmitglied ist für das Sprechen von zwei Textzeilen zuständig. Die Kinder sollen sich selbstständig einigen, wer welchen Part übernimmt. Es kann sinnvoll sein, dass sich jedes Kind seine Stelle farbig markiert.

Die Gruppen üben das abwechselnde Vorlesen oder – noch besser – das auswendige Sprechen des Verses ein und führen es anschließend der restlichen Klasse vor. Je rhythmischer und kräftiger die Zeilen gesprochen werden, desto besser.

Variation:
Stellen Sie eine Auswahl kurz klingender Instrumente zur Verfügung und regen Sie die Kinder an, zum gesprochenen Text eine rhythmische Begleitung zu erfinden. Weisen Sie sie darauf hin, dass der Rhythmus besser durchzuhalten ist, wenn er möglichst einfach gehalten wird. Regelmäßige Schläge auf einem einzigen Instrument machen schon eine Menge her.

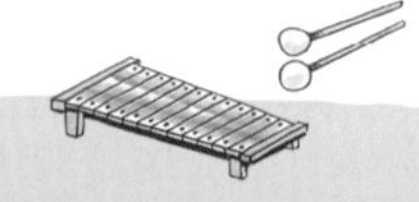

FRÜHLINGS-RAP

Jetzt scheint schon mal die Sonne,
die ersten Blumen blühn.

Man hört die Vögel singen,
das Gras wird wieder grün.

Der Wind, er weht nur sachte,
es ist nicht mehr so kalt.

Es wissen alle Leute:
Der Frühling kommt nun bald.

3 HURRA, ENDLICH FRÜHLING!

Lernziel:	Konzentration, Fantasie, genaues Hinhören
Material:	keines
Instrumente:	möglichst viele verschiedene
Zeit:	20 Minuten
Klassenstufen:	1–2

So geht's:

Lesen Sie die Geschichte einmal vor. Überlegen Sie dann gemeinsam, welche Instrumente für die Verklanglichung des Textes passen; Vorschläge finden Sie in Klammern. Verteilen Sie die gewählten Instrumente an die Kinder und lesen die Geschichte ein zweites Mal vor. An den entsprechenden Stellen werden die Instrumente gespielt.

Es war kalt, sehr kalt. Der Schnee bedeckte den Waldboden und die Bäume. Wollte es denn gar nicht mehr Frühling werden in diesem Jahr? Die Tiere lagen warm eingekuschelt in ihren Verstecken und hielten Winterschlaf. Dann aber, eines Morgens, fielen die ersten Sonnenstrahlen *(Glockenspiel)* zwischen den noch kahlen Ästen der Bäume hindurch und der Schnee begann zu schmelzen. Von den Bäumen tropfte es erst ein wenig *(wenige Trommelschläge)*, dann immer mehr *(mehr Trommelschläge)*, bis schließlich der ganze Schnee verschwunden war. Die Sonne *(Glockenspiel)* schien jetzt kräftiger und es war gar nicht mehr kalt. Das Murmeltier *(Röhrentrommel)* erwachte als erstes. Es reckte und streckte sich und hielt dann seine Nase in die warme Frühlingsluft. Hurra, endlich Frühling! *(Alle Kinder sprechen und spielen auf ihrem Instrument.)* Auch der Siebenschläfer *(Triangel)* wachte auf und freute sich über den Sonnenschein. Hurra, endlich Frühling! *(s. o.)* Danach wurde die Haselmaus *(Klanghölzer)* wach, schüttelte sich einmal kräftig und blinzelte ins Licht. Hurra, endlich Frühling! *(s. o.)* Der Igel *(Schellenkranz)* schaute aus seinem Versteck heraus und schnupperte die warme Waldluft. Hurra, endlich Frühling! *(s. o.)* Ein paar Kinder *(mehrere verschiedene Instrumente)* kamen den Waldweg entlang, es war die Klasse 2b der Grundschule, die gerade einen Ausflug in den Wald machte. Die Kinder hatten zwar keinen Winterschlaf gemacht, aber auch sie freuten sich sehr über die ersten Sonnenstrahlen, die Schneeschmelze und die warme Luft. So dachten also auch die Kinder: Hurra, endlich Frühling! *(s. o.)*

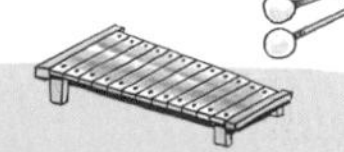

4 DAS OSTEREI

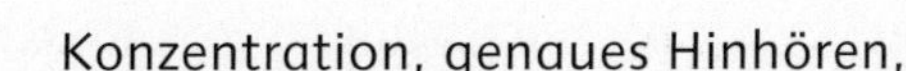

Lernziel: Konzentration, genaues Hinhören, Reaktionsfähigkeit
Material: keines
Instrumente: für jedes Kind eines, möglichst Egg-Shaker
Zeit: 10 Minuten
Klassenstufen: 1–4

So geht's:
Lesen Sie den Kindern das Gedicht einmal vor. Verteilen Sie dann Instrumente an die Schüler und fordern Sie sie auf, beim wiederholten Vorlesen des Gedichts jedes Mal, wenn im Text „Ei", „Eier" oder „Osterei" vorkommt, kurz auf dem Instrument zu spielen. Hier muss man genau aufpassen, damit kein Einsatz verpasst wird.

Das Osterei
Hei, juchhei, kommt herbei!
Suchen wir das Osterei!
Immerfort, hier und dort
und an jedem Ort.

Ist es noch so gut versteckt,
endlich wird es doch entdeckt.
Hier ein Ei! Dort ein Ei!
Bald sind's zwei und drei!

Wer nicht blind, der gewinnt
einen schönen Fund geschwind.
Eier blau, rot und grau
kommen bald zur Schau.

Und ich sag's, es bleibt dabei,
gern such ich ein Osterei.
Zu gering ist kein Ding,
selbst kein Pfifferling.

(August Heinrich Hoffmann von Fallersleben)

5 FRÜHLINGSBILD

Lernziel: Fantasie, soziales Lernen
Material: Tafel, (farbige) Kreide, Zeigestock
Instrumente: möglichst viele verschiedene; für die Variation: Alltagsgegenstände
Zeit: 20 Minuten
Klassenstufen: 1–4

So geht's:
An der Tafel entsteht ein gemeinsames Frühlingsbild, indem die Kinder nacheinander jeweils ein Detail dazumalen: Blumen wachsen, es fliegen Schmetterlinge und Vögel herum, Kinder spielen im Garten usw. Wenn das Bild fertig ist, überlegen Sie gemeinsam, wie die einzelnen Dinge im Bild klingen: Die Vögel zwitschern, die Blumen wiegen sich im Wind, die Kinder lachen usw. Zeigen Sie mit dem Zeigestock jeweils auf ein Detail, die Kinder setzen das entsprechende Geräusch mit der Stimme oder mit Körper-Instrumenten um.

Stellen Sie möglichst viele unterschiedliche Instrumente zur Verfügung und überlegen Sie gemeinsam, welcher Klang gut zu welcher Situation auf dem Bild passt. Sind die Instrumente festgelegt, wiederholen Sie das Zeigen auf die Bilddetails, während die Schüler jeweils die entsprechenden Klänge erzeugen.

Variation:
Probieren Sie statt der Instrumente auch einmal Alltagsmaterial aus. Mit Dosen, Schüsseln, Zeitungspapier, Bausteinen, Küchenutensilien usw. kann man tolle Klänge erzeugen. Je vielfältiger und unterschiedlicher das Material ist, desto viefältiger sind die Möglichkeiten.

Tipp: Aus einem Ausmalbild zum Thema Frühling, das Sie im Internet finden und ausdrucken können, kann auch ein Arbeitsblatt entstehen, das die Kinder in Partnerarbeit verwenden: Ein Kind geht mit dem Finger im Bild „spazieren", das andere macht die Geräusche dazu. Am besten sitzen die Paare dabei gut verteilt in einem größeren Raum, damit sie sich nicht gegenseitig stören.

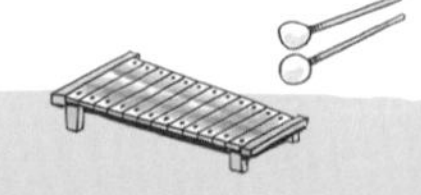

6 VON DER RAUPE ZUM SCHMETTERLING

Lernziel: Konzentration, soziales Lernen, Fantasie
Material: mehrere Bettlaken, CD mit ruhiger Instrumentalmusik, 6–8 Chiffontücher
Instrumente: Klangschale oder Triangel
Zeit: 10 Minuten
Klassenstufen: 1–2

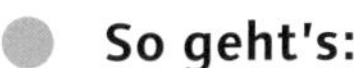

So geht's:
Verteilen Sie die Chiffontücher auf dem Boden. Lesen Sie zu leiser Instrumentalmusik den Vers vor, während die Kinder die angegebenen Bewegungen dazu machen.

© Anja Boretzki

Die Raupe, ein kleines grünes Ding,
die wär so gern ein Schmetterling.
Jeweils drei bis vier Kinder schlüpfen unter ein Bettlaken und stellen sich hintereinander auf als Raupe. Sie gehen vorsichtig durch den Raum.

Drum frisst sie sich durch, Blatt für Blatt.
Sie frisst und frisst und wird nicht satt.
Die Raupe bleibt ab und zu stehen und eines der Kinder hebt ein Chiffontuch auf. Am Ende soll jedes Kind zwei Tücher haben.

Und ist sie endlich groß und dick,
spinnt sie sich ein, so Stück für Stück.
Die Kinder gehen langsamer und behäbiger, bilden dann aus der Reihe unter dem Laken einen Kreis. Sie legen eine kleine Pause ein und lauschen der Musik.

Dort im Kokon wird aus dem Ding
tatsächlich dann ein Schmetterling!
Auf einen Schlag auf Klangschale oder Triangel hin werfen die Kinder das Bettlaken ab.

Er breitet seine Flügel aus
und fliegt weit in die Welt hinaus.
Mit ausgebreiteten Armen und den Tüchern in den Händen „fliegen" die Kinder durch den Raum.

Tipp: Wenn Sie genug Platz haben, können sich auch mehrere Raupen gleichzeitig bewegen.

7 DAS OSTERFRÜHSTÜCK

Lernziel: Konzentration, Sprache, Rhythmusgefühl
Material: vorbereitete Bildkarten mit Frühstückszutaten: Ei, Brötchen, Schwarzbrot, Käse usw.
Instrumente: keine
Zeit: 10 Minuten
Klassenstufen: 3–4

So geht's:
Der Text wird gemeinsam sehr rhythmisch gesprochen und nach dem Muster von „Ich packe meinen Koffer" jeweils um eine weitere Frühstückszutat ergänzt. Hängen Sie als Texthilfe die Bilder der jeweiligen Zutat an die Tafel und zeigen immer auf das entsprechende Bild, damit niemand durcheinanderkommt.

Am Ostersonntag wird der Frühstückstisch gedeckt
mit Kerzen und mit Blumen und mit allem, was uns schmeckt.
Mama, Papa, Bruder, Schwester, alle sind dabei.
Und zum Osterfrühstück esse ich ein Ei (oder zwei).

Am Ostersonntag wird der Frühstückstisch gedeckt
mit Kerzen und mit Blumen und mit allem, was uns schmeckt.
Mama, Papa, Bruder, Schwester, alle sind dabei.
Und zum Osterfrühstück esse ich ein Brötchen und ein Ei (oder zwei).

Am Ostersonntag wird der Frühstückstisch gedeckt
mit Kerzen und mit Blumen und mit allem, was uns schmeckt.
Mama, Papa, Bruder, Schwester, alle sind dabei.
Und zum Osterfrühstück esse ich ein Schwarzbrot und ein Brötchen
und ein Ei (oder zwei).

Am Ostersonntag wird der Frühstückstisch gedeckt
mit Kerzen und mit Blumen und mit allem, was uns schmeckt.
Mama, Papa, Bruder, Schwester, alle sind dabei.
Und zum Osterfrühstück esse ich heut Käse und ein Schwarzbrot und
ein Brötchen und ein Ei (oder zwei).

weitere Zutaten: Tomaten, 'nen Joghurt, Salami, 'nen Zwieback usw.

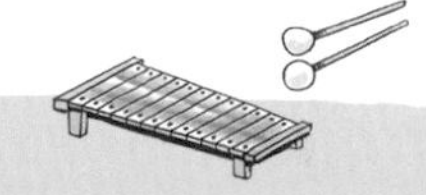

8 OSTER-RASSEL BASTELN

Lernziel: Feinmotorik, Kreativität
Material: leere Plastik-Eier (z. B. aus Überraschungseiern) im Klassensatz, 2 Plastik-Esslöffel für jedes Kind, Luftballons, farbiges Klebeband oder Kreppklebeband, Filzstifte, kleine Steine oder Holzperlen, Schere
Instrumente: keine
Zeit: 10 Minuten
Klassenstufen: 1–4

So geht's:
Der Hals des Luftballons wird mit der Schere abgeschnitten und weggeworfen. Die Kinder öffnen ihr Plastik-Ei und füllen nicht zu viel Material ein – am besten zwischendurch ausprobieren, wann die Rassel gut klingt. Das Ei wird geschlossen und zwischen zwei Plastik-Löffel gelegt. Nun ziehen die Kinder den vorbereiteten Luftballon über das Ei und die Löffel. Dieser Schritt ist nicht ganz einfach. Es geht am leichtesten, wenn die Kinder hierbei zu zweit arbeiten. Der Luftballon wird mit Klebeband an den Löffelstielen befestigt. Auch das untere Ende der Löffelstiele wird noch einmal mit Klebeband gesichert. Wenn die Kinder mit Kreppklebeband gearbeitet haben, kann dieses mit Filzstiften bemalt werden.

Die Rasseln können zur Begleitung von Oster- und Frühlingsliedern oder zu folgendem Sprechvers eingesetzt werden:

Uns're bunten Oster-Rasseln rasseln laut und rasseln leis',
uns're bunten Oster-Rasseln rasseln auch einmal im Kreis.
Unsr'e bunten Oster-Rasseln rasseln auf und rasseln ab,
unsr'e bunten Oster-Rasseln bringen jedermann auf Trab.
(langsam schneller werden)

Rasseln immer schneller, fast wie ein Propeller,
schneller, schneller, immer schneller und dann ist es still.
(auf „still" plötzlich aufhören zu spielen)

9 APRIL MACHT, WAS ER WILL

Lernziel: Konzentration, Sprache, Rhythmusgefühl
Material: Text „April, April“
Instrumente: Trommeln
Zeit: 10 Minuten
Klassenstufen: 3–4

So geht's:
Kopieren Sie den Text für jedes Kind und lesen Sie ihn gemeinsam.

Teilen Sie anschließend die Trommeln aus und entwickeln Sie gemeinsam mit den Kindern einen Begleitrhythmus zum Text. Die Regel lautet: Die Trommeln dürfen nur so laut klingen, dass der gesprochene Text nicht übertönt wird.

Tipp: Vielleicht gibt es in Ihrer Klasse Schüler, die beatboxen können – hier wäre eine ideale Gelegenheit dazu. Falls nicht, hören Sie sich doch einmal gemeinsam ein Hörbeispiel auf YouTube an und versuchen Sie es einfach. Auch ohne den Einsatz von Mikrofonen lässt sich allein mit der Stimme ziemlich viel an Rhythmusbegleitung erzeugen. Regen Sie die Kinder dazu an, verschiedene Lautkombinationen (tzzz, bom, tsch …) auszuprobieren.

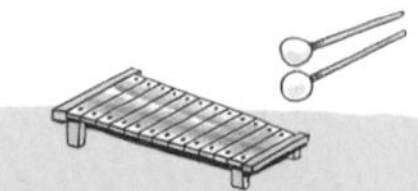

APRIL, APRIL

April, April,
April macht, was er will.
Es regnet ohne Unterlass
und alle Leute werden nass.

April, April,
April macht, was er will.
Die Sonne scheint auf unser Haus,
da geh'n wir ohne Jacke raus.

April, April,
April macht, was er will.
Vom Himmel fällt, oje oje,
'ne ganze Menge kalter Schnee.

April, April,
April macht, was er will.
Der Wind fegt kalt ums Häusereck
und pustet fast die Leute weg.

April, April,
April macht, was er will.
Zum Glück ist dann im Mai
April endlich vorbei.

10 BUNTER (NOTEN-)FRÜHLINGSSTRAUSS

Lernziel: Notenwerte
Material: Kopiervorlage „Frühlingsstrauß", für jedes Kind ein Briefumschlag, Buntstifte
Instrumente: für jedes Kind ein beliebiges
Zeit: 45 Minuten
Klassenstufen: 3–4

So geht's:
Kopieren Sie das Arbeitsblatt für jedes Kind und die einzelnen Blumen vergrößert für die Tafel. Hängen Sie sie dort nacheinander auf und benennen Sie sie. Sprechen Sie dann alle gemeinsam die Namen der Pflanzen und klatschen Sie die Silben im Sprechrhythmus. Im Gespräch wird erarbeitet, wie die Namen „in Notenschrift" geschrieben aussehen. Es werden die Notenwerte verwendet, die die Kinder schon kennen. Bereits mit Viertel- und Achtelnoten lassen sich die Wörter darstellen:

Schneeglöckchen	♩ ♪ ♪	Osterglocke	♪ ♪ ♪ ♪
Tulpe	♩ ♩	Krokus	♩ ♩
Gänseblümchen	♪ ♪ ♪ ♪	Hyazinthe	♪ ♪ ♩ ♪
Löwenzahn	♪ ♪ ♩	Maiglöckchen	♩ ♪ ♪

Die Kinder tragen die Notenwerte auf ihrem Arbeitsblatt ein und schneiden die Kärtchen auseinander. Mit einem Partner dürfen sich die Schüler einen Blumenstrauß zusammenstellen, indem sie sich drei bis fünf Blumennamen aussuchen, diese nebeneinanderlegen und die Silben klatschen oder auf einem Instrument spielen. Ein sehr großer Strauß entsteht, wenn jedes Kind sich für eine Blume entscheidet und die Abbildung sowie ein Musikinstrument mit in den Kreis nimmt. Nacheinander musizieren alle Teilnehmer ihre Silben, sodass die Musik sozusagen im Kreis herum wandert. Klappt dies gut, so können Sie auch einmal versuchen, die Musik an zwei Stellen im Kreis zu starten.

Die ausgeschnittenen Blumen werden in einem bemalten Briefumschlag aufbewahrt und können später für weitere Rhythmusspiele verwendet werden.

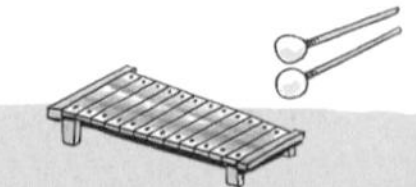

FRÜHLINGSSTRAUSS

© Petra Lefin	© Astrid Wilkesmann
Schneeglöckchen	**Osterglocke**
© Verlag an der Ruhr	© Astrid Wilkesmann
Tulpe	**Krokus**
© Verlag an der Ruhr	© Verlag an der Ruhr
Gänseblümchen	**Hyazinthe**
© Ursula Arndt	© Petra Lefin
Löwenzahn	**Maiglöckchen**

11 DER KUCKUCK UND DER ESEL

Lernziel: gemeinsames Musizieren, erstes Notenlesen
Material: Liedblätter „Der Kuckuck und der Esel"
Instrumente: Klangbausteine in G und C und/oder Stabspiele, Boomwhackers, Klanghölzer, Triangeln, Trommeln
Zeit: mind. 30 Minuten
Klassenstufe: 4

So geht's:

Zu dem bekannten Lied finden Sie hier einen Mitspielsatz. Da das Lied mit nur zwei Akkorden begleitet werden kann, entsteht auch mit wenig Notenkenntnissen ein schöner, voller Gesamtklang.

Kopieren Sie das Liedblatt für jedes Kind. Teilen Sie die Kinder in drei Gruppen auf: Eine übernimmt den Akkord C, die andere den Akkord G, die dritte Gruppe ist für den Rhythmus zuständig. Evtl. kann es sinnvoll sein, die entsprechenden Stellen in den Noten zur besseren Übersichtlichkeit farbig zu markieren.

Verteilen Sie die Liedblätter und die Instrumente an die Kinder und lassen jedes Instrument bzw. jede Instrumentengruppe zunächst seine/ihre Stimme allein üben. Am besten geht das, wenn die Kinder den Text des Liedes zunächst langsam sprechen und an der angegebenen Stelle auf ihrem Instrument spielen. Nach und nach kann das Tempo gesteigert werden. Schließlich wird nicht mehr gesprochen, sondern gesungen. Im letzten Schritt fügen sich die einzelnen Stimmen zu einem kompletten mehrstimmigen Stück zusammen – für die Kinder ist das stets ein spannender und, sobald es klappt, erhebender Moment.

Tipp: Selbstverständlich können Sie die angegebenen Instrumente durch andere ersetzen. Verwenden Sie das, was Ihnen zur Verfügung steht.

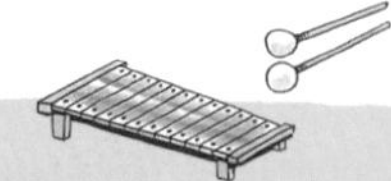

DER KUCKUCK UND DER ESEL

Melodie: Carl Friedrich Zelter
Text: August Heinrich Hoffmann von Fallersleben
Satz: Kati Breuer

C G

Melodie
Der Ku - ckuck und der E - sel, die

Stabspiel 1
Ku - ckuck ruft!

Stabspiel 2

Klanghölzer, Trommeln
Ich kann es bes - ser!

3

C G

hat-ten ei - nen Streit: Wer wohl am bes-ten sän-ge, wer

Ku - ckuck ruft!

E - sel schreit!

Ich kann es bes-ser! Ich kann es bes-ser!

DER KUCKUCK UND DER ESEL

7 C

wohl am bes - ten sän - ge zur schö - nen Mai - en -

Ku - ckuck

E - sel schreit!

Ich kann es bes-ser!

10 G C

zei - t, zur schö - nen Mai - en - zeit.

ruft!

E - sel schreit!

Ich kann es bes - ser! Ich kann es bes - ser!

12 FRÜHLINGSQUARK

Lernziel: Sprache, Rhythmusgefühl
Material: Frühlingsquark (fertig gekauft), Grissini
Instrumente: für die Variation: für jedes Kind ein beliebiges
Zeit: 15 Minuten
Klassenstufen: 1–2

So geht's:
Die Kinder suchen aus einem Buch oder aus dem Internet die Namen vieler verschiedener Kräuter heraus und schreiben sie auf. Teilen Sie dann die Klasse in fünf bis sechs kleine Gruppen auf, von denen jede einen dieser Kräuternamen bekommt.

Stellen Sie einen leckeren Frühlingsquark her, indem Sie jeweils die Kräuter zufügen: „In meinen Quark gebe ich jetzt Schnittlauch." Die Schnittlauch-Gruppe steht auf, geht kreuz und quer durch den Raum und wiederholt immer wieder „Schnitt-lauch, Schnitt-lauch". Nach und nach gehen immer mehr Kinder herum, bis schließlich alle Gruppen unterwegs sind und der „Quark" fertig ist.

Anschließend darf jedes Kind ein Grissini mit etwas Frühlingsquark probieren. Wenn Sie möchten, können Sie im Anschluss oder in der nächsten Stunde selbst einen leckeren Kräuterquark herstellen und die Kinder den Geschmack mit dem fertig gekauften Produkt vergleichen lassen.

Variation:
Die Kinder sitzen mit Instrumenten im Stuhlkreis, jedes hat sich seinen Kräuternamen von vorher gemerkt. Sie nennen immer zwei Kräuter, die Sie in Ihren Quark geben, zum Beispiel Schnittlauch und Petersilie. Die entsprechenden Kinder stehen kurz auf und spielen eine kleine Improvisation auf ihrem Instrument. Sagen Sie „Ich rühre meinen Quark um", stehen alle auf, spielen auf ihrem Instrument und suchen sich währenddessen einen neuen Sitzplatz.

13 FRÜHLINGSBLUMEN-SPRECHKANON

Lernziel:	Sprache, Rhythmusgefühl, Notenwerte
Material:	Text „Frühlingsblumen-Sprechkanon“, evtl. Schreibzeug
Instrumente:	keine
Zeit:	15 Minuten
Klassenstufen:	3–4

So geht's:
Die Kinder bilden fünf etwa gleichgroße Gruppen. Jede ist für das Sprechen eines Blumennamens zuständig. Zunächst muss der jeweilige Sprechrhythmus jeder Gruppe eingeübt werden. Besonders wichtig sind hierbei die Pausen. Kann jede Gruppe ihren Rhythmus, wird im Kanon gesprochen, indem die Gruppen nacheinander einsetzen.

Tipp: Nutzen Sie dieses Sprechstück für weitere, selbst erfundene zu einem bestimmten Thema, z. B. „In der Schule“ oder „Fremde Länder“ – je nachdem, was gerade in Ihrem Unterricht auf dem Plan steht. Am einfachsten geht das, wenn Sie sich Wörter mit gleicher Silbenzahl und Betonung suchen wie die hier angegebenen und sie einfach austauschen. Statt „Schneeglöckchen, Krokus, Osterglocke ...“ heißt es dann vielleicht „Schulranzen, Bleistift, Englisch-Mappe ...“ oder „Weißrussland, Frankreich, Niederlande ...“.

Älteren Schülern gelingt vielleicht sogar schon selbstständig ein neuer Sprechkanon-Text. Weisen Sie die Kinder auf die Bedeutung der Aussprache der Silben hin: Gleiche Silbenzahl bedeutet nicht unbedingt gleiche Betonung.

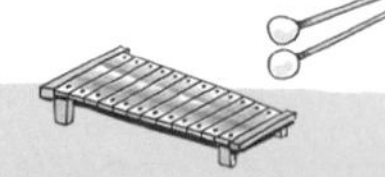

FRÜHLINGSBLUMEN-SPRECHKANON

Text und Satz: Kati Breuer

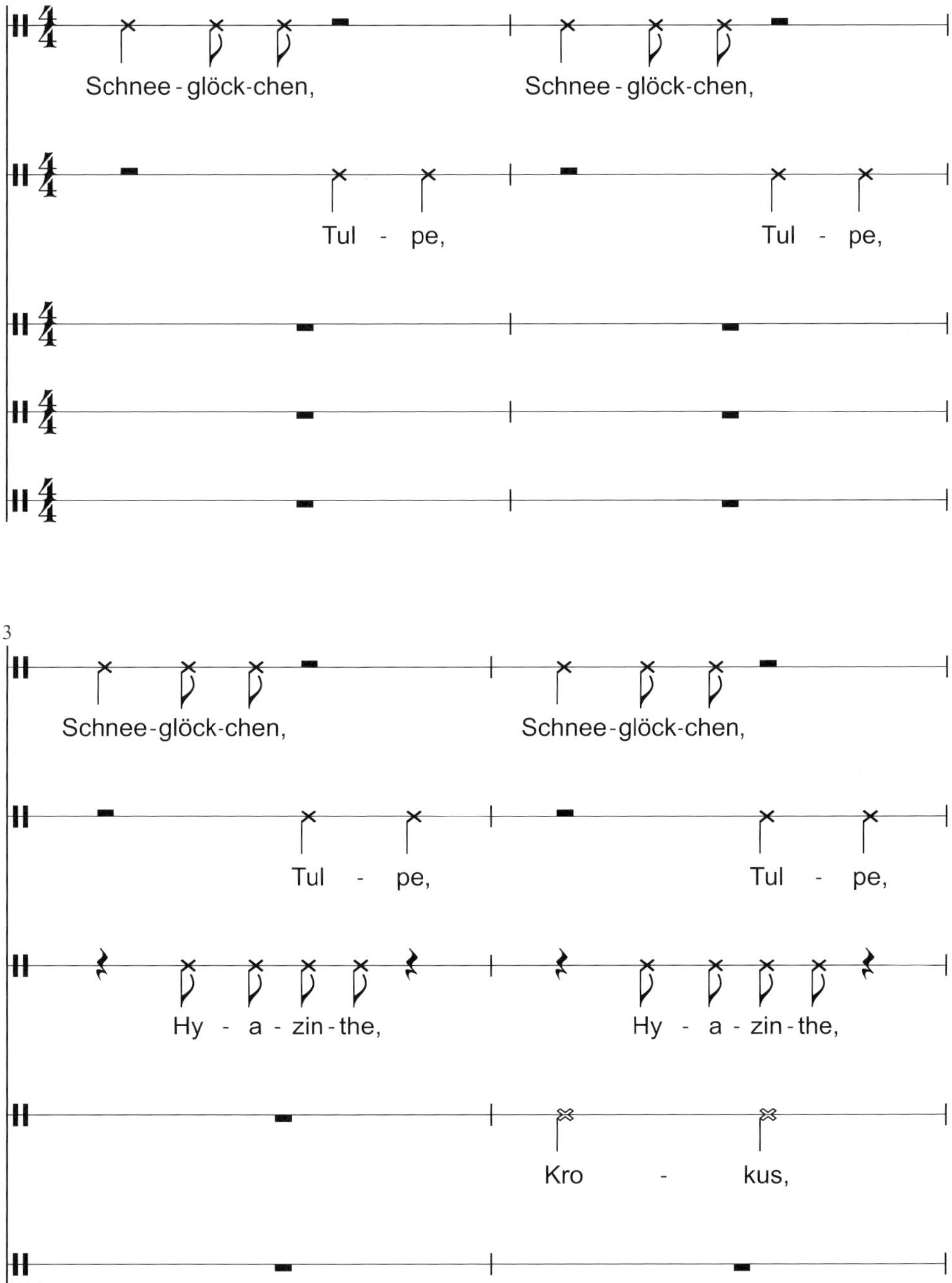

Schnee - glöck-chen, Schnee - glöck-chen,

Tul - pe, Tul - pe,

3

Schnee-glöck-chen, Schnee-glöck-chen,

Tul - pe, Tul - pe,

Hy - a - zin - the, Hy - a - zin - the,

Kro - kus,

FRÜHLINGSBLUMEN-SPRECHKANON

5

Schnee-glöck-chen, Schnee-glöck-chen,

Tul - pe, Tul - pe,

Hy - a - zin - the, Hy - a - zin - the,

Kro - kus, Kro - kus,

O - ster - glo - cke, O - ster - glo - cke,

7

Schnee - glöck - chen ...

Tul - pe ...

Hy - a - zin - the ...

Kro - kus ...

O - ster - glo - cke ...

beliebig lang

Kapitel 3

MUSIKALISCHE SPIELE IM SOMMER

Bienen: © Anja Boretzki

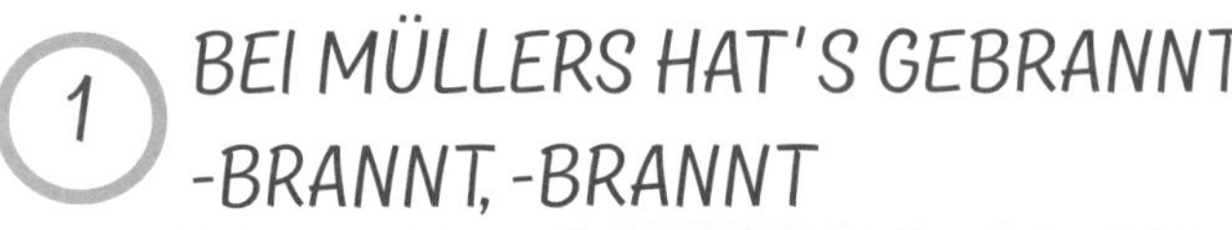

1 BEI MÜLLERS HAT'S GEBRANNT, -BRANNT, -BRANNT

Lernziel:	Konzentration, soziales Lernen, Rhythmusgefühl
Material:	evtl. Textmarker
Instrumente:	keine
Zeit:	10 Minuten
Klassenstufen:	1–4

So geht's:

Klatschspiele, bei denen in einer festgelegten Reihenfolge in die Hände eines Partners und in die eigenen geklatscht wird, gibt es seit Generationen. Sie werden fast immer „nur" mündlich weitergegeben und in den Pausen auf dem Schulhof gespielt. Fragen Sie die Kinder, ob sie solche Spiele bereits kennen. Falls nicht, können Sie ihnen den folgenden Vers vorstellen:

> Bei Müllers hat's gebrannt, -brannt, -brannt,
> da bin ich hingerannt, -rannt, -rannt.
> Da kam ein Polizist, -zist, -zist,
> der schrieb mich auf die List, List, List.
> Die List, die fiel in' Dreck, Dreck, Dreck,
> da war mein Name weg, weg, weg.
> (überliefert)

Eltern und Großeltern sind oft eine gute Quelle für die unterschiedlichsten Verse. Regen Sie die Kinder dazu an, zu Hause nachzufragen, ob und welche Klatschspiele dort bekannt sind, und diese aufgeschrieben mitzubringen.

Kopieren Sie die zusammengetragenen Texte für alle Kinder und lesen Sie sie zunächst gemeinsam. Nacheinander werden dann alle Verse gespielt und die Kinder überlegen, an welchen Stellen eine Begleitung durch (kurz klingende) Instrumente gut passen würde. Die entsprechenden Stellen können die Kinder im Text markieren.

Beim obigen Vers bietet es sich beispielsweise an, jeweils die wiederholten Silben am Zeilenende (-brannt, -brannt, -brannt) mit Trommelschlägen zu betonen oder Klanghölzer einzusetzen.

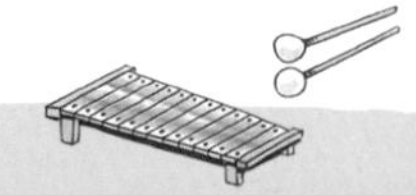

2 FERIEN, FERIEN

Lernziel: Konzentration, soziales Lernen
Material: Text „Ferien, Ferien"
Instrumente: keine
Zeit: 10 Minuten
Klassenstufen: 3–4

So geht's:
Kopieren Sie den Text für jedes Kind. Jeder Schüler liest ihn zunächst für sich durch. Dem einen oder anderen wird dabei vielleicht schon auffallen, dass zwei Zeilen („Ferien, Ferien ...") immer wiederkehren. Der Text soll rhythmisch und mit verteilten Rollen gelesen werden: Alle zusammen sprechen den immer wiederkehrenden Zweizeiler, während der Text dazwischen von Solisten übernommen wird.

Das Gedicht eignet sich, so vorgetragen, auch hervorragend für eine kleine Aufführung, z. B. in der letzten Stunde vor den Sommerferien. Hierfür sollten die Kinder ihre Textstellen aber möglichst auswendig lernen.

FERIEN, FERIEN

Ferien, Ferien, endlich eine Pause!
Wir fahren in den Urlaub oder bleiben faul zu Hause.
Schwimmen geh'n, Freunde seh'n, jeden Tag ein Eis,
Sommerzeit, schöne Zeit, draußen ist es heiß.

Ferien, Ferien, endlich eine Pause!
Wir fahren in den Urlaub oder bleiben faul zu Hause.
Das Tollste ist: Wir haben
noch nicht mal Hausaufgaben.

Ferien, Ferien, endlich eine Pause!
Wir fahren in den Urlaub oder bleiben faul zu Hause.
Die allerbeste Zeit im Jahr, die ist nun angebrochen.
Bis bald, ade, lebt wohl und tschüss, wir seh'n uns in
sechs Wochen!

3 MIT STEINEN MUSIK MACHEN

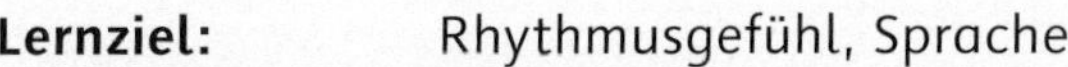

Lernziel: Rhythmusgefühl, Sprache
Material: Steine, Raum mit unempfindlichem Fußboden (evtl. draußen)
Instrumente: keine
Zeit: 10 Minuten
Klassenstufen: 1–4

So geht's:
Jedes Kind sammelt auf dem Schulhof oder bei einem Ausflug zwei Steine, die jeweils gut in eine Hand passen. Sie werden zunächst abgewaschen und müssen danach eine Weile trocknen. Die Steine werden zur Begleitung verschiedener Verse eingesetzt. Jedes Kind benötigt zwei, die es während des Sprechens in den Händen hält.

Wir machen Musik mit Steinen – klopf, klopf, klopf.
Mit meinen und auch mit deinen – klopf, klopf, klopf.
Wir spielen mal laut und mal leise – klopf, klopf, klopf.
Ein jeder auf seine Weise – klopf, klopf, klopf.

(Die Kinder sprechen im Rhythmus und klopfen jeweils bei „klopf" mit beiden Steinen auf den Boden oder schlagen sie vorsichtig aneinander. Bei „... und auch mit deinen" kann jedes Kind mit seinen Steinen gegen die eines Nachbarn klopfen.)

Auf den Boden – klopf, klopf – klatsche in die Hände.
Auf den Boden – klopf, klopf – weiter gib den Stein.

(Die Kinder knien auf dem Boden, die beiden Steine vor sich auf der Erde liegend. Erste Zeile: Die Kinder klopfen mit den Steinen viermal auf den Boden, dann klatschen sie viermal in die Hände. Zweite Zeile: Die Kinder klopfen fünfmal auf den Boden, bei „gib" geben sie beide Steine um einen Platz nach rechts weiter, sodass diese nun vor dem rechten Nachbarn liegen. Der Vers wird sofort wiederholt usw.)

Eine kleine Steinlaus zieht einen Schuh aus,
zieht ihn wieder an und du bist dran.

(Die Kinder sprechen den Vers und spielen im Rhythmus dazu mit ihren Steinen. Bei „dran" deuten Sie auf ein Kind, das eine kurze Improvisation spielen darf. Danach sind wieder alle gemeinsam mit dem Vers an der Reihe usw.)

4 RHYTHMIK MIT ÄSTEN

Lernziel: Fantasie, Körperbeherrschung
Material: dünne Äste
Instrumente: möglichst viele verschiedene Holzinstrumente, evtl. CD mit Instrumentalmusik
Zeit: 10 Minuten
Klassenstufen: 1–2

So geht's:
Auf dem Schulhof oder bei einem Ausflug werden viele dünne Äste gesammelt. Breiten Sie die Äste auf dem Boden aus (evtl. auf dem Schulhof) und fordern Sie die Kinder dazu auf, um sie herumzugehen, ohne auf einen zu treten. Spielen Sie eine beliebige Melodie auf einem Instrument oder lassen Sie eine CD mit Instrumentalmusik laufen. Stoppen Sie die Musik und lassen Sie die Mädchen und Jungen nun vorsichtig über die Äste gehen. Dabei sollen die Kinder darauf achten, welche Geräusche entstehen. Wie klingt es, wenn ein Käfer über die Äste trippelt, ein Eichhörnchen darüber rennt und springt, ein Vogel darauf landet ...? Die Kinder probieren aus, wie sie über die Äste gehen, hüpfen, schleichen müssen, um solche Geräusche nachzuahmen.

Im zweiten Schritt werden die zuvor ausprobierten Klänge mit Musikinstrumenten umgesetzt. Teilen Sie dazu die Klasse in zwei Hälften, von denen eine mit Holzinstrumenten ausgestattet wird. Die zweite Hälfte bleibt ohne Instrument. Die Kinder finden sich zu Paaren zusammen: Ein Kind mit und ein Kind ohne Instrument. Der Partner ohne Instrument geht, rennt, schleicht wie zuvor um und über die Äste. Das Instrumenten-Kind vollzieht die Bewegungen musikalisch nach. Alle Paare machen das zur selben Zeit, sodass man sich gut konzentrieren und auf seinen Partner achten muss. Klappt die Übung, so kann man sie auch einmal andersherum versuchen: Nun dirigiert das Kind mit dem Instrument seinen Partner, indem es mal leise, mal lauter, schneller und langsamer spielt und so die Bewegungen des anderen Kindes bestimmt. Bei dieser Variante kann es sinnvoll sein, nur Instrumente auszuwählen, deren Klang sich besonders deutlich von den anderen abhebt.

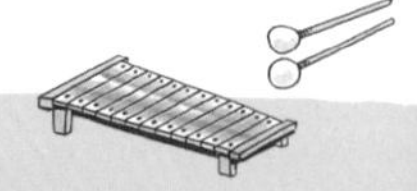

5 SPIELPLATZMUSIK

Lernziel: Notenwerte
Material: Klebezettel, Stifte
Instrumente: keine
Zeit: 30 Minuten
Klassenstufen: 3–4

So geht's:
Die Kinder gehen gemeinsam in kleinen Gruppen auf dem Schulhof von Spielgerät zu Spielgerät und probieren aus, wie es jeweils rhythmisch gesprochen und geklatscht wird:

Sandkiste, Schaukel, Fußballplatz, Klettergerüst, Turnstange, Wippe ...

Jedes Spielgerät wird nun beschriftet. Dazu benutzen die Mädchen und Jungen Klebezettel, auf die sie die Bezeichnung der Geräte schreiben und die sie anschließend an den Geräten befestigen. Zunächst werden die Namen der Geräte ganz normal mit Buchstaben auf den Zetteln notiert, danach schreiben die Kinder den Sprachrhythmus der Worte dazu.

Wenn die Kinder schon Noten kennen, können sie zum Aufschreiben der Klänge Viertel- und Achtelnoten verwenden (z. B. Wippe = zwei Viertelnoten, Turnstange = eine Viertelnote, zwei Achtelnoten), ansonsten schreiben sie kurze Silben als Punkt, lange als Strich auf. Sind alle Geräte mit einem Zettel versehen, geht die Gruppe noch einmal an ihnen entlang und klatscht jetzt das, was auf den Zetteln steht, ohne das Wort dazu zu sprechen.

Tipp: Eine Zeichnung von einem Spielplatz wird, für alle Kinder kopiert, zu einem Noten-Arbeitsblatt. Die Schüler schreiben zu den einzelnen Geräten die Noten bzw. Symbole für kurze und lange Silben dazu.

Variation:
Auch im Klassenzimmer können Wände, Tische, Fenster, Tafel usw. gut mit Zetteln „in Notenschrift" versehen werden. Ebenso eignet sich die Idee für den Fremdsprachenunterricht, wenn die entsprechenden Vokabeln verwendet werden.

6 LIEBE SONNE, SCHEINE WIEDER

Lernziel: Konzentration, Fantasie
Material: keines
Instrumente: für jedes Kind ein kurz klingendes (z. B. Holzblocktrommel, Klanghölzer)
Zeit: 10 Minuten
Klassenstufen: 3–4

So geht's:
Lesen Sie den Kindern zunächst das Gedicht vor. Teilen Sie dann die Instrumente aus und produzieren Sie gemeinsam damit Regengeräusche, die zuerst laut sind, dann immer leiser werden und schließlich ganz verstummen. Diese zuerst lauten, dann leiseren Klänge sollen anschließend beim zweiten Vorlesen des Gedichts passend zum Text wiederholt werden. Vielleicht gelingt es den Kindern, mit jeder Textzeile ein wenig (aber hörbar) leiser zu werden.

Die Schwierigkeit besteht darin, dass man nicht allzu laut anfangen darf, denn der vorgelesene Text muss ja trotzdem noch zu hören sein. Die Mädchen und Jungen müssen daher ihr Instrumentenspiel besonders fein dosieren. Nach der letzten Zeile verstummen die Instrumente ganz.

Liebe Sonne, scheine wieder,
schein die düstern Wolken nieder!
Komm mit deinem goldnen Strahl
wieder über Berg und Tal!
Trockne ab auf allen Wegen
überall den alten Regen!
Liebe Sonne, lass dich sehn,
dass wir können spielen gehn!
(August Heinrich Hoffmann von Fallersleben)

Tipp: Obwohl man den Sonnenschein ja eigentlich nicht hören kann, kann am Schluss ein leises, lang klingendes Instrument den Wechsel von Regen zu Sonne untermalen. Gut eignen sich Fingerzimbeln oder auch ein sanftes Glissando auf einem Glockenspiel.

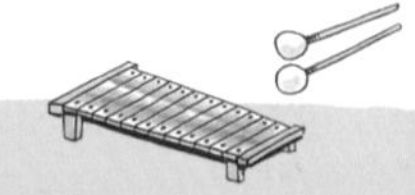

7 JETZT FAHR'N WIR ÜBER'N SEE

Lernziel: Konzentration, soziales Lernen
Material: Liedblatt „Jetzt fahr'n wir über'n See"
Instrumente: beliebig
Zeit: 10 Minuten
Klassenstufen: 1–2

So geht's:

Kopieren Sie das Liedblatt für jedes Kind. Das Volkslied enthält eine kleine „Falle": Jeweils das letzte Wort einer jeden Strophe wird beim ersten Durchgang nicht mitgesungen, sondern erst bei der Wiederholung angehängt. Meistens fallen einige Kinder darauf herein und singen das Wort dennoch mit, was große Heiterkeit auslöst. Sie können daraus einen kleinen Wettbewerb machen: Welche Tischgruppe schafft es, das Lied komplett ohne Fehler mitzusingen? Diese darf dann das nächste Lied aussuchen.

Weil man sich beim Singen gut konzentrieren muss, um nicht in die Falle zu tappen, empfiehlt es sich, hier auf instrumentale Begleitungen zu verzichten, es sei denn, Sie möchten den Schwierigkeitsgrad erhöhen.

Tipp: Klären Sie den Begriff „hölzerne Wurzel": Damit ist ein Boot aus Holz gemeint.

Sie können das Lied im Kunstunterricht fortführen, indem Sie es dort singen und eine Gestaltungsarbeit anschließen. Hierfür malen die Kinder zunächst den See mit Wasserfarben in verschiedenen Blautönen. Ein DIN-A4-Blatt wird von beiden Seiten mit brauner Wasserfarbe bemalt (= Holz) und nach dem Trocknen zu einem Papierschiff gefaltet. Dieses wird schließlich auf den See geklebt. Falls Sie nicht wissen, wie ein Papierboot gefaltet wird, werden Sie im Internet fündig, z. B. unter www.kinderspiele-welt.de/basteln-und-werkeln/papierschiff-falten.html.

JETZT FAHR'N WIR ÜBER'N SEE

Melodie und Text: überliefert

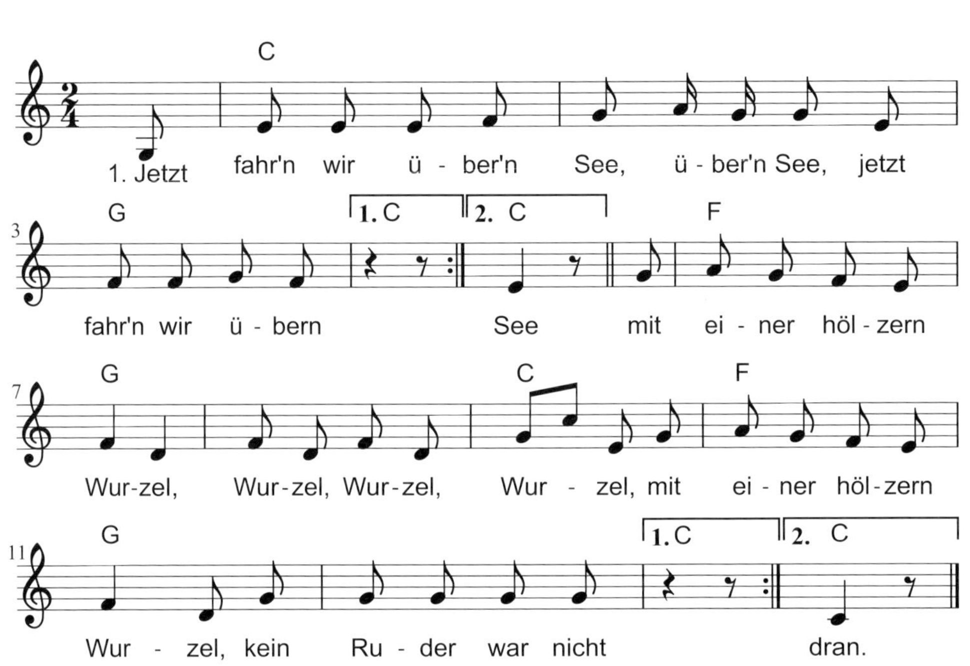

2. |: Und als wir drüber war'n, drüber war'n, und als wir drüber :| war'n,
|: da sangen alle Vöglein, Vöglein, Vöglein, Vöglein,
da sangen alle Vöglein, der helle Tag brach :| an.

3. |: Der Jäger blies ins Horn, blies ins Horn, der Jäger blies ins :| Horn.
|: Da bliesen alle Jäger, Jäger, Jäger, Jäger,
da bliesen alle Jäger, ein jeder in sein :| Horn.

4. |: Das Liedlein, das ist aus, das ist aus, das Liedlein, das ist :| aus.
|: Und wer das Lied nicht singen kann, singen, singen, singen kann,
und wer das Lied nicht singen kann, der fang's von vorne :| an.

8 ICH PACKE MEINEN KOFFER

Lernziel: Konzentration, soziales Lernen, Rhythmusgefühl
Material: keines
Instrumente: eines (z. B. Klanghölzer)
Zeit: 10 Minuten
Klassenstufen: 3–4

So geht's:
Wie beim bekannten Spiel vom Kofferpacken werden hier Rhythmen nacheinander zu einer immer länger werdenden Kette zusammengefügt. Die Kinder setzen sich in einen Stuhlkreis. Das erste Kind gibt mit dem Instrument einen nicht zu komplizierten Rhythmus vor. Es gibt das Instrument weiter. Das Nachbarkind wiederholt den Rhythmus und fügt einen eigenen an. Das dritte Kind hat schon zwei fremde Rhythmen zu spielen und den eigenen hinzuzufügen usw. Wie weit schaffen es die Kinder? Weiß eines nicht mehr weiter, endet die Rhythmuskette und es wird an der Stelle, an der abgebrochen wurde, sofort ein neuer Rhythmus gespielt, wiederholt und ergänzt.

Tipp: Weisen Sie die Kinder darauf hin, dass die Kette umso länger werden kann, je einfacher und kürzer die einzelnen Rhythmen sind.

Variation:
Das Spiel ist sehr schwer und gelingt nur geübten Kindern. Um es zu vereinfachen, können Sie ein Oberthema festlegen, z. B. Tiere. Lassen Sie die Kinder die Rhythmen sprachlich begleiten: Das erste spricht und spielt vielleicht „E-le-fant", das nächste wiederholt dies und fügt den „Hund" hinzu, beim dritten heißt es schon „Elefant – Hund – Ameise" usw. Diese Variante ist wesentlich leichter und je nach Kenntnisstand Ihrer Klasse auch schon für jüngere Kinder geeignet. Sie können ausprobieren, ob es den Kindern, sobald ihnen das Spiel vertraut ist, gelingt, die Worte nur im Kopf mitzusprechen und so langsam zu der schwierigeren Variante überzugehen.

9 GLASMUSIK

Lernziel: genaues Hinhören, Hinführung zum Notenlernen
Material: 8 Wassergläser, Löffel, Kanne(n) oder Flasche(n) mit Leitungswasser, Folienstift
Instrumente: Glockenspiel
Zeit: 10 Minuten
Klassenstufen: 1–2

So geht's:
Auf einem Tisch oder einer Bank auf dem Schulhof werden Gläser mit unterschiedlich viel Wasser in einer Reihe nebeneinander aufgestellt. Zur Probe schlagen die Kinder sie vorsichtig mit einem Löffel an und vergleichen den dabei entstehenden Ton mit dem Glockenspiel. Ziel ist es, aus den Gläsern eine Tonleiter zu bilden. Dafür wird Wasser hineingegossen und immer wieder kontrolliert, wie sich der Ton dadurch verändert. Muss der Ton höher werden, also Wasser zugefügt werden, oder doch tiefer sein, also Wasser ausgegossen werden? Die Kinder benötigen ausreichend Zeit für diese Experimente und evtl. Hilfe beim Stimmen ihrer „Instrumente". Haben sie es geschafft, eine Tonleiter zu erzeugen, so wird der Wasserstand in jedem Glas mit einem Folienstift markiert und kann so später ohne langwieriges Ausprobieren schnell wiederhergestellt werden.

Auf der gläsernen Tonleiter können die Kinder nun unterschiedliche Töne spielen und schaffen vielleicht sogar einfache, erkennbare Lieder.

Statt die Gläser mit dem Löffel anzuschlagen, können die Schüler auch einmal versuchen, mit einem angefeuchteten Finger den Rand des Glases durch Reiben zum Klingen zu bringen.

Variation:
Teilen Sie die Kinder in zwei Gruppen auf. Die eine Gruppe dreht sich um, sodass sie die Wassergläser nicht sehen kann. Aus der anderen Gruppe spielen einige Kinder auf den Gläsern. Die Zuhörer sollen erraten, wie viele Töne gleichzeitig erklingen. Das ist gar nicht so einfach – ggf. müssen die Musikanten ihre Töne nacheinander vorstellen (also nicht gleichzeitig spielen), damit es gelingen kann.

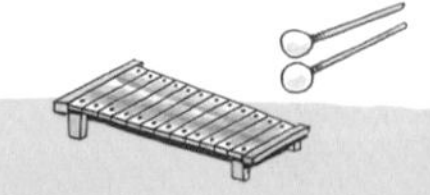

AUF WIEDERSEHEN, VIERTKLÄSSLER!

Lernziel: Sprache, soziales Lernen
Material: keines
Instrumente: evtl. Klangschale
Zeit: 10 Minuten
Klassenstufen: 4 bzw. 1–4

So geht's:
Die Viertklässler, deren Grundschulzeit endet, werden mit einem Vers verabschiedet:

Auf Wiedersehen, tschüss, goodbye!
Die Grundschulzeit ist nun vorbei.
Wir wünschen dir (euch) im Leben Glück
und denk(t) auch mal an uns zurück!

Je nach Gegebenheiten an Ihrer Schule und Zahl der Abgänger gibt es unterschiedliche Einsatzmöglichkeiten für den Text:

→ **In der eigenen Klasse:** Jedes Kind bekommt zum Abschied einen Ton auf der Klangschale „geschenkt", den es sich merken und mit in die weiterführende Schule nehmen kann. Sprechen Sie dafür gemeinsam mit der übrigen Klasse jeweils einen Schüler direkt an, indem Sie ihn anschauen und den Vers sprechen. Schlagen Sie nach „zurück" die Klangschale an. Erst wenn der Ton verklungen ist, wenden Sie sich dem nächsten Kind zu. Diese Variante ist recht feierlich und es muss damit gerechnet werden, dass es evtl. Abschiedstränen gibt.

→ **In der Aula I:** Die Erst-, Zweit- und Drittklässler sprechen den Text und klatschen im Rhythmus mit. Sie fügen am Ende „Tschüss, Klasse 4a!" an.

→ **In der Aula II:** Alle Schüler sprechen den Text gemeinsam immer wieder von vorn und halten die Hände dabei vor sich, Handflächen nach oben. Währenddessen gehen die Schulabgänger durch die Reihen und klatschen bei jedem einzelnen Kind ab.

11 WETTERMUSIK

Lernziel: Konzentration, Fantasie
Material: Wetterkarten (je nach persönlicher Vorliebe und Klassenstufe als Abbildung oder als Wort)
Instrumente: für die Variation: möglichst viele unterschiedliche
Zeit: 10 Minuten
Klassenstufen: 1–2

So geht's:
Kopieren Sie die Wetterkarten und schneiden Sie sie auseinander.

Teilen Sie die Klasse in sechs Gruppen ein. Jede Gruppe zieht verdeckt eine der Karten und bespricht leise, mit welchen Körper-Instrumenten die dargestellte Wettersituation hörbar gemacht werden soll. Besonders schwierig sind Nebel und Sonnenschein, aber die Kinder finden dafür sicher eine Lösung. In der großen Runde stellen die Gruppen nacheinander ihre Wettersituation vor. Die anderen Kinder versuchen zu erraten, worum es sich handelt. Sind alle Karten erraten, hängen Sie sie nebeneinander an die Tafel. Spielen zunächst Sie den „Wetterdirigenten", indem Sie hintereinander in beliebiger Reihenfolge auf die Karten zeigen. Später kann dies auch ein Schüler übernehmen. Die entsprechenden Klänge werden von der jeweiligen Gruppe erzeugt.

Tipp: Der Wetterdirigent kann auch die ganze Klasse dirigieren: Alle Geräusche werden von allen gemacht.

Variation:
Legen Sie möglichst viele unterschiedliche Instrumente bereit. Jedes Kind wählt eins aus und überlegt sich, wie es das Instrument für die unterschiedlichen Wettermomente verwenden kann. Zeigen Sie wieder nacheinander auf die Karten und fordern Sie die Kinder dazu auf, entsprechende Geräusche zu machen. Dabei kann ein Instrument mehrere Funktionen haben, z. B. wenn eine Rassel bei Schnee schwächer und bei Regen stärker geschüttelt wird.

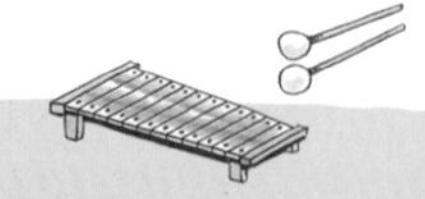

WETTERKARTEN

© Norbert Höveler

© Norbert Höveler

© Norbert Höveler

© Norbert Höveler

© Norbert Höveler

© Norbert Höveler

12 EISCREME-RAP

Lernziel: Sprache, Rhythmusgefühl
Material: Text „Eiscreme-Rap"
Instrumente: Trommeln
Zeit: 15 Minuten
Klassenstufen: 2–4

So geht's:
Kopieren Sie den Text für jedes Kind.

Die Kinder lesen zunächst den Text leise, später auch laut. Er soll sehr rhythmisch gesprochen werden. Sobald das klappt, können Sie Trommeln hinzunehmen und gemeinsam einen nicht zu komplizierten Rhythmus dazu entwickeln. Mehr Abwechslung entsteht, wenn die Kinder gruppenweise einige Zeilen sprechen. Ob die Klasse den Rhythmus gemeinsam spielt oder ob Sie dies lieber an zwei unterschiedliche Gruppen übergeben, können Sie je nach Zusammensetzung und Erfahrung Ihrer Klasse entscheiden. Beide Möglichkeiten funktionieren gut.

Tipp: Großen Jubel löst es natürlich aus, wenn Sie im Anschluss wirklich ein Eis mit den Kindern essen.

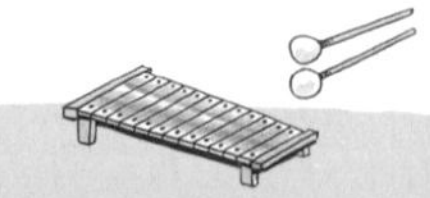

EISCREME-RAP

In der Schule sitzen,
über Büchern schwitzen –
wer hat sich das ausgedacht?
Lernen, wenn die Sonne lacht.
Es ist heiß, schrecklich heiß.
Von der Stirn rinnt mir der Schweiß.
Es ist heiß, schrecklich heiß.
Mann, ich brauch ein Eis!

Lesen, rechnen, schreiben,
immer leise bleiben –
wer hat sich das ausgedacht?
Lernen, wenn die Sonne lacht.
Es ist heiß, schrecklich heiß.
Von der Stirn rinnt mir der Schweiß.
Es ist heiß, schrecklich heiß.
Mann, ich brauch ein Eis!

13 HIER KOMMT DIE WELLE

Lernziel: Konzentration, soziales Lernen
Material: keines
Instrumente: für jedes Kind ein beliebiges
Zeit: 5 Minuten
Klassenstufen: 1–4

So geht's:
Die Kinder sitzen im Stuhlkreis, jedes hat ein Instrument. Sprechen Sie kurz darüber, wie sich eine heran- und wieder fortrollende Welle anhört, und machen Sie die entsprechenden Geräusche mit der Stimme.

Eine instrumentale Welle entsteht, wenn Sie sie irgendwo im Kreis starten, indem Sie auf ein Kind zeigen. Dieses beginnt einen selbstgewählten Rhythmus auf seinem Instrument zu spielen und spielt ihn immer weiter, während das Nachbarkind einsetzt. Auch dieses spielt durchgehend auf seinem Instrument, das dritte Kind kommt hinzu und immer so weiter, bis alle Kinder zusammen spielen: Die Welle rollt heran. Sobald dies geschehen ist, hört das erste Kind auf zu spielen, das zweite folgt, dann das dritte usw. Schließlich ist es ganz still: Die Welle ist zurückgerollt. Wenn die Kinder möchten, rollt direkt im Anschluss die nächste Welle los.

Tipp: Achten Sie darauf, dass die Kinder nichts an der Lautstärke verändern. Die Welle soll dadurch entstehen, dass nach und nach immer mehr Instrumente dazu kommen, nicht durch lauteres Spielen.

Variation:
Probieren Sie doch auch einmal „La Ola", wie es sie oft in Fußballstadien zu sehen gibt. Die Kinder stehen nacheinander auf, heben die Hände über den Kopf und spielen dort ihr Instrument. Danach setzen sie sich sofort wieder hin. In der richtigen Geschwindigkeit ausgeführt, sieht das von außen betrachtet tatsächlich wie eine Welle aus und kann auch nur mit der Stimme statt mit Instrumenten ausgeführt werden.

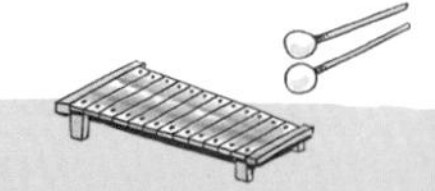

14 ICH BIN DER JULI

Lernziel: Sprache, Konzentration, Fantasie
Material: keines
Instrumente: Fingerzimbeln, Triangel, Glockenspiel, Chimes usw.
Zeit: 10 Minuten
Klassenstufen: 1–2

So geht's:

Lesen Sie den Kindern das Sommergedicht vor. Verteilen Sie dann die Instrumente. Sie sollen zarte, schwebende Klänge erzeugen, damit man die Ruhe und die Hitze, von denen im Text die Rede ist, spüren kann. Lesen Sie das Gedicht erneut vor, während die Kinder einen sanften Klangteppich erzeugen, der die Stimme unterstützt, aber nicht übertönt.

Ich bin der Juli
Grüß Gott! Erlaubt mir, dass ich sitze.
Ich bin der Juli, spürt ihr die Hitze?
Kaum weiß ich, was ich noch schaffen soll,
Die Ähren sind zum Bersten voll;
Reif sind die Beeren, die blauen und roten,
Saftig sind Rüben und Bohnen und Schoten.

So habe ich ziemlich wenig zu tun,
Darf nun ein bisschen im Schatten ruh'n.
Duftender Lindenbaum,
Rausche den Sommertraum!
Seht ihr die Wolke? Fühlt ihr die Schwüle?
Bald bringt Gewitter Regen und Kühle.
(Paula Dehmel)

Variation:
Teilen Sie jedem Kind bzw. jeder Kleingruppe ein eigenes Wort aus dem Text zu. Es dient als Signal zum Musizieren: Sobald Sie es lesen, spielt das entsprechende Kind bzw. die Gruppe einige leise Töne.

Die Variation funktioniert erst, wenn die Kinder das Gedicht bereits (mehrmals) gehört haben.

15 DER SCHMETTERLING

Lernziel: Musik hören, Fantasie, Bewegung
Material: Edvard Grieg: „Der Schmetterling" (evtl. bei YouTube), Chiffontücher, Wasserfarben
Instrumente: für die Variation: Klavier
Zeit: 20 Minuten
Klassenstufen: 1–2

So geht's:
Spielen Sie den Kindern das Musikstück einmal vor. Erzählen Sie ihnen, dass der Komponist Edvard Grieg es „Der Schmetterling" genannt hat und mit der fließenden Klaviermelodie einen flatternden Schmetterling darstellen wollte, der schnell herumfliegt und mal hier, mal dort landet. Beim erneuten Hören bewegen die Kinder ihre Finger, Hände und Arme passend zur Musik und stellen so den Schmetterlingsflug dar. Schließlich darf sich jedes Kind zwei Chiffontücher aussuchen und beim dritten Durchgang damit durch den Raum „fliegen".

Tipp: Wenn Sie nicht genügend Chiffontücher für alle Kinder haben, verwandelt sich nur ein Teil der Klasse in Schmetterlinge. Alle anderen stellen Blumen dar und sitzen auf dem Boden. Die Schmetterlinge flattern um sie herum, lassen sich vielleicht auch mal „auf" (= neben) einer Blume nieder, um kurz darauf weiterzufliegen. Danach werden die Rollen getauscht.
Eine andere Möglichkeit wäre, die bunten Tücher durch Krepppapierstreifen zu ersetzen; auch hiermit lässt es sich gut „fliegen".

Im Anschluss an die Bewegungsphase darf jedes Kind mit Wasserfarben zur Musik malen. Der Pinsel wird zum Schmetterling und „tanzt" über das Papier.

Variation:
Lassen Sie die Kinder einmal selbst am Klavier ausprobieren, wie der Schmetterlingsflug klingen kann. Die Hand landet nacheinander auf einigen Tasten und fliegt dann wieder nach oben.

MUSIKALISCHE SPIELE IM HERBST

1 BUNTE BLÄTTER IM WIND

Lernziel: Konzentration
Material: keines
Instrumente: für jedes Kind ein kleines, das während des Gehens gespielt werden kann
Zeit: 10 Minuten
Klassenstufen: 1–2

So geht's:
Teilen Sie die Klasse in drei Gruppen ein und ordnen Sie jeder eine Farbe (rot, gelb, braun) zu. Jedes Kind bekommt ein Instrument. Sprechen Sie gemeinsam den Vers und fügen Sie eine der drei Farben ein.

Die Kinder der genannten Gruppe stehen blitzschnell auf und bewegen sich als im Wind wirbelnde Blätter durch den Raum. Dabei spielen sie auf ihren Instrumenten eine kleine Improvisation. Wechseln Sie die Farben nicht allzu regelmäßig ab, sondern nehmen Sie überraschend auch einmal zweimal hintereinander dieselbe Farbe oder zwei Farben statt nur einer dran. Auch „alle bunten Blätter" können einmal an die Reihe kommen.

Hui, was für ein Wetter!
Der Wind saust um die Ecke.
Und alle roten/gelben/braunen Blätter,
die landen in der Hecke.

© Anja Boretzki

Variation:
Singen Sie folgenden Text zur Melodie von „Ein Männlein steht im Walde" und lassen Sie die entsprechende Gruppe dazu tanzen und musizieren:

Es tanzen rote/gelbe/braune/alle Blätter im kalten Wind.
Sie tanzen und sie drehen sich ganz geschwind.
Dreh'n sich lustig hin und her, dreh'n und wirbeln immer mehr.
Rote/gelbe/braune/alle Blätter tanzen, das ist nicht schwer.

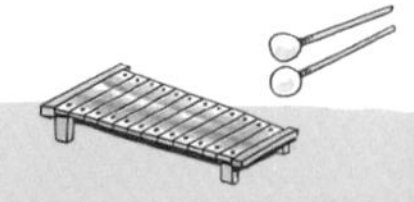

2 GESPENSTER HEULEN IN DER NACHT

Lernziel: Stimmbildung, grafische Notation
Material: Küchenpapier, Geschenkband, Filzstifte, Schere, Nadel, Faden
Instrumente: keine
Zeit: 20 Minuten
Klassenstufen: 1–2

So geht's:

Stellen Sie aus Küchenpapier ein kleines Gespenst her: Knüllen Sie ein Blatt locker zusammen und legen Sie die so entstandene Papierkugel mittig auf ein zweites Blatt. Schlagen Sie das Küchenpapier locker um die Kugel herum nach oben und binden Sie es mit einem Stück Geschenkband fest. Malen Sie mit Filzstiften Augen und Mund auf.

Das Gespenst kommt in die Klasse und heult auf- und absteigend: „Huuuu!" Fordern Sie die Kinder auf, ebenfalls zu heulen. Das wird meist sehr gern angenommen. Stehen Sie gemeinsam auf und bewegen Sie sich mit Gespensterheulen kreuz und quer durch den Raum. Achten Sie hierbei darauf, dass die Schüler nicht im Kreis laufen, sondern durcheinander gehen, ohne sich gegenseitig zu berühren.

Setzen Sie sich wieder und verwenden Sie das Gespenst zum Dirigieren, indem Sie es in Wellenform langsam auf und ab bewegen. Die Kinder ahmen den Flug des Gespenstes mit der Stimme nach: Beim Flug nach oben geht die Stimme nach oben, beim Flug nach unten geht die Stimme nach unten. Wer möchte, zeichnet den Weg des Tons mit dem Finger in die Luft.

Schließlich wird eine lange Welle an die Tafel gemalt, an der Sie mit dem Gespenst entlang fahren, während die Kinder entsprechend höher oder tiefer heulen. Schaffen die Kinder es auch ohne das Gespenst, nur mit Ihrem Finger, oder sogar ganz ohne?

Zum Schluss darf sich jedes Kind ein eigenes Gespenst basteln und in der Klasse aufhängen. Ziehen Sie dazu mit der Nadel einen Faden durch den Kopf des Gespenstes und befestigen Sie es am Fenster oder unter der Decke.

3 HERBSTSTURM

Lernziel: Bewegung, Konzentration, soziales Lernen
Material: Schwungtuch; für die Variation: einige Blätter
Instrumente: beliebig
Zeit: 10 Minuten
Klassenstufen: 1–2

So geht's:
Die Kinder sitzen auf dem Boden um das Schwungtuch herum. Jedes Kind ergreift je nach Größe des Tuchs eine Schlaufe oder einfach den Rand des Tuchs. Durch dessen Bewegungen entstehen die Geräusche zu folgendem Vers:

Herbstzeit, Windzeit, Zeit für Sturm,
die Fahnen flattern auf dem Turm.
(das Tuch mit heftigen, kurzen Bewegungen zum Rascheln bringen)

Die Blätter rascheln, segeln munter
von oben auf den Boden 'runter.
Sie dreh'n sich dort geschwind, geschwind
und tanzen schnell im kalten Wind.
(die Bewegungen vergrößern, das Tuch langsam auf- und abschwingen)

Der Wind wird leiser, weht nur sacht
und sagt dann allen: „Gute Nacht!"
(das Tuch auf dem Boden liegend bewegen, bei „Nacht" loslassen)

Variation:
Die Kinder spielen das Spiel im Stehen, zunächst mit den Bewegungen wie oben, mit dem Unterschied, dass sie das Tuch bei „Nacht" einmal kräftig nach oben schwingen und dann alle gleichzeitig loslassen. Noch spannender wird es, wenn einige Blätter auf das Tuch gelegt und mit dessen Bewegungen in Schwung gebracht werden.

Sollen Instrumente mitspielen, so teilen Sie die Klasse in zwei Hälften, von denen eine wie oben das Tuch schwingt, die andere den Vorgang entsprechend mit beliebigen Instrumenten untermalt. Später wird natürlich gewechselt.

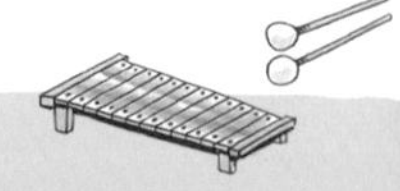

4 WER KNACKT DIE NUSS?

Lernziel: Rhythmusgefühl, Fantasie
Material: Nussknacker (möglichst in Form eines Husaren/Königs aus Holz, wie im Erzgebirge üblich), für jedes Kind mindestens zwei Walnüsse, Papier und Stifte
Instrumente: Xylofone, Glockenspiele, Trommeln
Zeit: 20 Minuten
Klassenstufen: 3–4

So geht's:
Zeigen Sie den Kindern den Nussknacker. Bewegen Sie seinen Mund mit dem Hebel und sprechen Sie dazu mehrmals das Gedicht.

Teilen Sie, sobald die Kinder den Text mitsprechen können, die Nüsse aus und wiederholen Sie das Gedicht als Frage- und Antwortspiel. Sie: „Wer knackt die Nuss?" Die Kinder: „Nicht der Fritz, nicht der Franz." usw. Die Nüsse werden als Instrumente eingesetzt, indem die Kinder sie aneinander oder auf die Tischplatte schlagen. Teilen Sie danach die Kinder in zwei Gruppen und lassen diese die Zeilen abwechselnd sprechen und begleiten. Rhythmisch sichere Kinder können den Text sogar als Sprechkanon versuchen: Die zweite Gruppe beginnt, wenn die erste in der zweiten Zeile „Nicht der" gesprochen hat.

Stellen Sie den Kindern verschiedene größere Instrumente zur Verfügung und lassen Sie sie damit experimentieren: Welche Klänge können in Kombination mit den Nüssen erzielt werden? Man kann die Nüsse in einer umgedrehten Handtrommel kreisen lassen, das Xylofon schräg halten und Nüsse herunterrollen lassen, Nüsse aus geringer Entfernung von oben auf ein Glockenspiel fallen lassen und vieles mehr.

Wer knackt die Nuss?
Nicht der Fritz, nicht der Franz.
Wer kriegt sie entzwei?
Der Nussknacker kann's!
Gut, dass wir ihn haben,
den hölzernen Herrn.
Er zerbeißt die Schale
und schenkt uns den Kern.
(Josef Guggenmos)

5 BUNT SIND SCHON DIE WÄLDER

Lernziel: Singen, Rhythmusgefühl
Material: Liedblatt „Bunt sind schon die Wälder"
Instrumente: lang klingende Instrumente (z. B. Fingerzimbeln, Triangel, Gong); für die Variation: Stabspiele
Zeit: 10 Minuten
Klassenstufen: 1–2

So geht's:

Kopieren Sie das Liedblatt für jedes Kind.

Das Volkslied hat eine nicht ganz einfache Melodie und muss wahrscheinlich eine Weile geübt werden, bevor die Kinder es sicher singen können. Das Gleiche gilt für den Text der 2. bis 4. Strophe. Wenn er Ihnen zu schwierig erscheint, lassen Sie ihn einfach weg und singen Sie nur die erste Strophe.

Sobald das Lied einigermaßen sitzt, kommen die Instrumente dazu. Sie werden jeweils am Taktanfang gespielt, immer einen Schlag auf die 1: „Bunt sind schon die Wälder, gelb die Stoppelfelder …"

Variation:

Statt immer den ersten Schlag jedes Taktes zu betonen, spielen die Kinder die Grundtöne der Akkorde auf Stabspielen. Sie richten sich dabei nach den Buchstaben, die über den Noten stehen. Am leichtesten geht das, wenn Sie die Klasse in Gruppen einteilen, von denen jede für einen einzigen Akkord zuständig ist. Immer wenn über den Noten der entsprechende Buchstabe steht, spielen die Mädchen und Jungen einen Schlag auf ihrem Ton. Manchmal wechselt der Akkord innerhalb eines Taktes, daher heißt es: Gut aufpassen!

Wenn die Kinder noch nicht so geübt im Umgang mit den Stabspielen sind, können Sie als Hilfe jeweils die Stäbe links und rechts neben dem richtigen Ton herausnehmen.

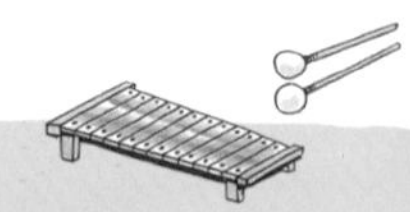

BUNT SIND SCHON DIE WÄLDER

Melodie: Johann Friedrich Reichardt
Text: Johann Gaudenz von Salis-Seewis

2. Wie die volle Traube
aus dem Rebenlaube
purpurfarbig strahlt!
Am Geländer reifen
Pfirsiche, mit Streifen
rot und weiß bemalt.

3. Flinke Träger springen,
und die Mädchen singen,
alles jubelt froh!
Bunte Bänder schweben
zwischen hohen Reben
auf dem Hut von Stroh.

4. Geige tönt und Flöte
bei der Abendröte
und im Mondesglanz.
Junge Winzerinnen
winken und beginnen
frohen Erntetanz.

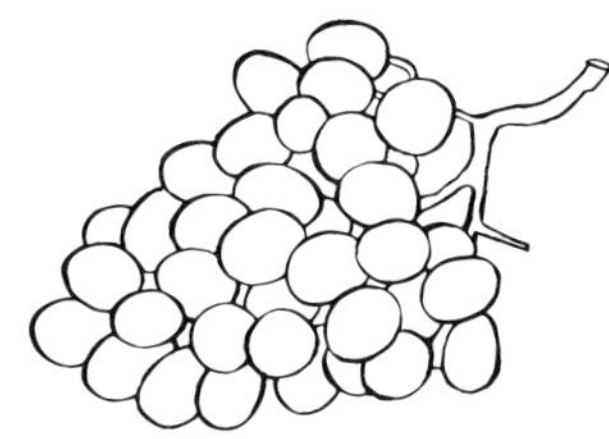

6 REGENTROPFEN-MUSIK

Lernziel:	Konzentration
Material:	unterschiedliche Gefäße, Regenschirm; für die Variation: Eisschirmchen
Instrumente:	beliebig
Zeit:	10 Minuten
Klassenstufen:	1–2

So geht's:

Sammeln Sie unterschiedliche Gefäße, z. B. Blechdosen, Pappkartons, Plastikbecher usw., und stellen Sie sie an einem Regentag ins Freie. Die Kinder bekommen die Aufgabe, die Gefäße zu beobachten und vor allem zu belauschen: Wie klingen die Regentropfen, die in die Blechdose fallen? Wie hört es sich beim Pappkarton an? Die Behälter sollen auch einmal umgedreht werden, sodass die Tropfen auf den Boden der Behältnisse fallen. Wie klingt es jetzt? Die Mädchen und Jungen versuchen, das Gehörte zu beschreiben: Es klingt laut, kurz, spitz, plätschernd, hoch ... Mit dem Körper versuchen sie, die Klänge nachzuahmen. Besonders gut lassen sich einzelne Tropfgeräusche mit Mund und Zunge erzeugen, stärkeren Regen bekommt man gut mit den Händen hin, die auf Oberschenkel, Brust oder Bauch trommeln.

Lassen Sie es im Klassenraum (akustisch) regnen, wenn Sie einen Regenschirm aufspannen: Je weiter Sie ihn öffnen, desto lauter erklingen die Regengeräusche. Schließen Sie ihn wieder, so werden sie leiser. Besonders beliebt bei diesem Spiel ist das plötzliche Öffnen oder Schließen des Schirms, das Sie mit den langsamen Bewegungen abwechseln sollten, damit es spannend bleibt.

Variation:

Das Regenschirmspiel eignet sich auch als Partnerarbeit. Jedes Paar bekommt einen Papier-Regenschirm, wie es ihn oft als Dekoration auf Eisbechern gibt, und spielt das Spiel damit im Kleinen. Die Regengeräusche werden mit den Fingerspitzen auf der Tischplatte gemacht, sodass sie nicht allzu laut werden und die übrigen Kinder nicht stören.

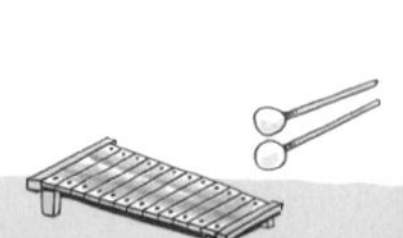

7 KASTANIEN-KREIS

Lernziel: Konzentration, Rhythmusgefühl, Koordination
Material: Kastanien, CD mit beliebiger Musik
Instrumente: keine
Zeit: 10 Minuten
Klassenstufen: 3–4

So geht's:
Bilden Sie mit den Kindern einen Stehkreis. Alle strecken die Hände nach vorn, wobei die linke Hand noch oben geöffnet ist, die rechte nach unten. Stellen Sie sicher, dass jedes Kind die Hände richtig herum hält, und festigen Sie ggf. an dieser Stelle noch einmal die Begriffe „rechts" und „links".

Nehmen Sie eine Kastanie in Ihre geöffnete linke Hand und zeigen Sie den Kindern, wie diese durch den Kreis wandern soll: Sprechen Sie langsam die Worte „links gibt". Bewegen Sie zu „links" die linke Hand mit der Kastanie zur rechten Hand. Legen Sie zu „gibt" die Kastanie in die geöffnete linke Hand des Kindes rechts neben Ihnen. Dieses wechselt beim nächsten „links" von der linken zur rechten Hand und gibt auf „gibt" seinerseits die Kastanie an das Nachbarkind weiter. Fordern Sie die Kinder zum Mitmachen auf, wenn Sie die Bewegungen erklärt und langsam (mehrmals) vorgemacht haben. Alle sprechen und vollziehen jeweils bei „links" und „gibt" die Bewegung der linken Hand zur rechten mit. Besonders schwierig ist das für die Kinder, die Ihnen gegenüber stehen und alles spiegelverkehrt sehen. Sollten die Kinder es im Kreis nicht hinbekommen, können sie auch eine Reihe nebeneinander bilden. Hier orientiert sich jedes Kind an seinem Nachbarn.

Schicken Sie, wenn die Bewegung eingeübt ist, eine Kastanie auf die Reise durch den Kreis (oder die Reihe). Später können es auch mehrere sein. Besonders viel Spaß macht es, wenn dazu Musik eingespielt wird. Sie muss allerdings einen geraden Takt haben, damit die Kinder im Rhythmus bleiben können.

8 RAIN IS FALLING DOWN

Lernziel: Englisch, Rhythmusgefühl
Material: Schüsseln mit Wasser, Kieselsteine
Instrumente: keine
Zeit: 10 Minuten
Klassenstufen: 3–4

So geht's:

Die Kinder lernen zunächst den englischen Reim. Über Bewegung geht das am besten: Der fallende Regen wird mit von oben nach unten zappelnden Fingern dargestellt (von Kopf bis in den Schoß), jedes „splash!" bekommt einen Patscher auf die Oberschenkel.

Sobald der Text bekannt ist, wird es spannend: Die Kinder bekommen pro Tisch eine Schüssel mit Wasser und einige Kieselsteine. Nun soll bei jedem „splash!" ein Kieselstein aus etwa 50 cm Höhe in das Wasser fallengelassen werden. Die Kinder probieren aus, wie sie den Stein fallen lassen müssen, damit er ein gutes Platsch-Geräusch erzeugt.

Rain ist falling down, splash!
Rain ist falling down, splash!
Pitter, patter, pitter, patter.
Rain ist falling down, splash!
(englischer Kinderreim)

Variation:

Der Vers funktioniert auch auf Deutsch sehr gut:

Regen fällt herab, platsch!
Regen fällt herab, platsch!
Pitsche, patsche, pitsche, patsche.
Regen fällt herab, platsch!

Sie können ihn einzeln verwenden oder auch abwechselnd mit der englischen Version, zum Beispiel, indem Sie die Klasse in vier Gruppen aufteilen: Die erste spricht und begleitet den englischen Text, die zweite den deutschen, die dritte den englischen, die vierte den deutschen.

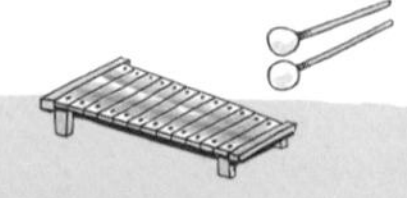

9 EINE LATERNE WANDERT IM KREIS

Lernziel: Konzentration, genaues Hinhören, Stilleübung
Material: Laterne oder Kerzenglas, das nicht heiß wird
Instrumente: Klangschale oder anderes, lang klingendes Instrument
Zeit: 15 Minuten
Klassenstufen: 1–4

So geht's:

Bilden Sie gemeinsam mit den Kindern einen Stuhlkreis. Die Kinder schließen die Augen. Spielen Sie einzelne Töne auf Ihrem Instrument. Die Mädchen und Jungen lauschen, bis der Ton verklungen ist. Wer nichts mehr hört, hebt die Hand. Wiederholen Sie dies mehrere Male, evtl. kann auch eines der Kinder das Instrument spielen.

Geben Sie dann vorsichtig eine leuchtende Laterne oder ein Kerzenglas im Kreis herum und spielen dabei weiter einzelne Töne. Schlagen Sie das Instrument mal mehr, mal weniger stark an, damit die Klänge länger oder kürzer sind. Das Licht wandert immer nur dann einen Platz weiter, wenn der Ton verklungen ist. Wie lange dauert es, bis es einmal in dem ganzen Kreis herumgewandert ist?

Variation:

Die Übung funktioniert auch andersherum: Jetzt geht das Licht von Hand zu Hand, solange der Ton erklingt. Ist er nicht mehr zu hören, verweilt es da, wo es gerade ist, bis ein neuer Ton angeschlagen wird. Beide Varianten erfordern ein hohes Maß an Konzentration, Ruhe und genauem Hinhören.

10 IM NEBELWALD

Lernziel: Konzentration, soziales Lernen, genaues Hinhören, Stilleübung
Material: keines
Instrumente: lang klingende Instrumente für die Hälfte der Kinder
Zeit: 10 Minuten
Klassenstufen: 1–2

So geht's:
Verteilen Sie die Instrumente an die Hälfte der Kinder. Die Schüler bilden einen Wald, indem sie sich mit ihren Instrumenten im Raum verteilt aufstellen.

Erzählen Sie dann der zweiten Gruppe eine kleine Geschichte von dem Nebel, der den Wald so einhüllt, dass man nicht mehr gut sehen kann. Die Kinder schließen die Augen und bewegen sich langsam und vorsichtig in den Wald hinein.

Ziel ist es, nirgends anzustoßen, weshalb die „Bäume" leise, schwebende Klänge auf ihren Instrumenten spielen. An ihnen können sich die Spaziergänger orientieren. Später werden die Rollen getauscht.

Variation:
Die Kinder mit den Instrumenten verteilen sich an den Wänden des Raums, die Spaziergänger halten sich in der Mitte auf. Dann zieht der Nebel auf: Die Kinder in der Mitte schließen die Augen.

Die Kinder mit den Instrumenten verständigen sich, ohne zu sprechen, nur durch Blickkontakt und Gesten, darüber, wer von ihnen einen zarten Ton auf seinem Instrument spielt.

Die Kinder in der Mitte lauschen, aus welcher Richtung der Klang kommt, und wenden sich diesem zu oder zeigen mit der Hand in die entsprechende Richtung. Erst wenn der Ton komplett verklungen ist, wird der nächste gespielt.

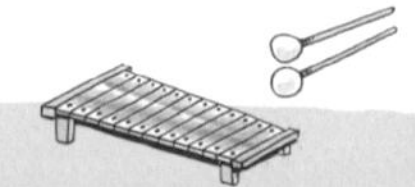

11 ES REGNET

Lernziel: Konzentration, Fantasie
Material: keines
Instrumente: Klanghölzer, Triangeln, Fingerzimbeln, Regenmacher
Zeit: 10 Minuten
Klassenstufen: 1–2

So geht's:
Jedes Kind wählt sich ein Instrument aus und begleitet damit die von Ihnen vorgelesene Regengeschichte. Die Geräusche sollten besonders am Anfang eher leise sein, um die zunächst nur vereinzelt fallenden Tropfen darzustellen, im Verlauf kann dann die Lautstärke gesteigert werden.

> Lisa liegt in ihrem Bett direkt unter dem Dachfenster. Manchmal kann sie von dort die Sterne sehen. Heute geht das allerdings nicht, denn dicke Wolken hängen schon den ganzen Tag am Himmel. Lisa will gerade die Augen schließen, als es anfängt zu regnen. Wenige, einzelne Tropfen fallen auf das Dachfenster, unter dem Lisa sich behaglich in ihre Decke kuschelt. Jeder Tropfen macht einen kleinen, feinen Ton auf der Glasscheibe. Jetzt wird der Regen stärker: Die Tropfen fallen schneller hintereinander und sind auch etwas lauter. Es hört sich ein bisschen so an, als würden die Tropfen auf der Fensterscheibe tanzen. Lisa stellt das Radio an. Jetzt hat sie Musik und den Regen-Rhythmus dazu. Das klingt prima zusammen. Hui, nun regnet es noch mehr, die Tropfen fallen jetzt immer schneller und trommeln auf das schräge Fenster. Das ist ja ein richtiger Platzregen! Lisa muss das Radio sogar lauter stellen, weil das herabrauschende Wasser die Musik übertönt. An Schlafen ist im Moment erst recht nicht zu denken. Das Trommeln wird noch ein bisschen lauter, dann ist scheinbar der schlimmste Regen vorbei. Lisa dreht das Radio aus, als die Geräusche vom Fenster leiser werden. Zuerst klingen die Tropfen wieder wie Tänzer auf der Scheibe, dann werden es immer weniger. Nun fallen nur noch einzelne Tropfen und schließlich ist es endlich still. Lisa seufzt, dreht sich auf die Seite und schläft ein.

Variation:
Legen Sie ein Instrument fest, das das Radio spielt. Es können auch einige Kinder als Radio ein zuvor ausgesuchtes Lied singen.

12 IGEL IVAN STICHUNDPIEK

Lernziel: Rhythmusgefühl, Fantasie
Material: Text „Igel Ivan Stichundpiek"
Instrumente: Ratsch-Instrumente (Guiros, Cabasa), Holzblocktrommeln, Rasseln
Zeit: 10 Minuten
Klassenstufen: 1–2

So geht's:
Kopieren Sie den Text für jedes Kind.

Die Kinder lesen zunächst den Text. Sicher fällt ihnen auf, dass sich die drei Strophen nur durch die Art unterscheiden, wie der Igel Musik macht: ratschen, trippeln und mit Blättern rascheln. Genau diese Stellen sollen mit Instrumenten untermalt werden.

Für die ratschenden Stacheln verwenden die Kinder Ratsch-Instrumente, die trippelnden Igelbeine werden durch Holzblocktrommeln dargestellt und die raschelnden Blätter lassen sich gut mit Rasseln vertonen. Entweder bekommt jedes Kind alle drei Instrumente und nimmt jeweils das richtige in die Hand oder Sie teilen die Klasse in Ratsch-, Trippel- und Raschel-Kinder auf.

Variation:
Der Vers kann auch gut mit Körper-Instrumenten begleitet werden:
- ➜ die Hände reiben = ratschen
- ➜ mit den Fingerspitzen auf die Brust trommeln = trippeln
- ➜ die flachen Hände kreisförmig auf den Oberschenkeln bewegen = rascheln

© Anja Boretzki

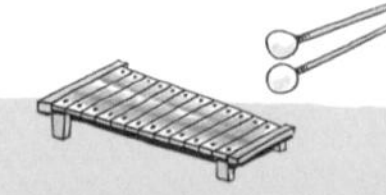

IGEL IVAN STICHUNDPIEK

Igel Ivan Stichundpiek
macht im Wald heut Herbstmusik.
Ritscht und ratscht mit seinen Stacheln,
singt dabei ein Lied.

Igel Ivan Stichundpiek
macht im Wald heut Herbstmusik.
Trippelt mit den Igelbeinchen,
singt dabei ein Lied.

Igel Ivan Stichundpiek
macht im Wald heut Herbstmusik.
Läuft durch einen Blätterhaufen,
singt dabei ein Lied.

13 DRACHENFLUG

Lernziel: Sprache, Umgang mit Tonhöhen
Material: keines
Instrumente: Melodie-Instrumente
Zeit: 10 Minuten
Klassenstufen: 1–2

So geht's:
Lesen Sie den Kindern das Gedicht einmal vor. Sprechen Sie darüber, wie der Drachen immer höher hinauffliegt. Beim zweiten Vorlesen zeichnen die Kinder mit einer Hand den Flug des Drachens in der Luft mit.

Auf Melodie-Instrumenten wird dann zum Gedicht gespielt. Steigt der Drachen im Text höher, werden auch die Töne höher. Ist von einer Leiter die Rede, spielen die Kinder mehrere aufsteigende Töne hintereinander. Das Zurückholen des Drachens wird von einem Abwärts-Glissando begleitet.

Im Herbst, da weht der Wind,
da freut sich jedes Kind.
Heut gehen wir hinaus,
wir hol'n den Drachen 'raus.
Der Drachen steigt hinauf,
bis zu den Wolken 'rauf.
Gehalten wird er nur
von einer dünnen Schnur.
Fliegt hoch und immer weiter,
steigt wie auf einer Leiter
nach oben, Stück für Stück.
Dann hol ich ihn zurück.

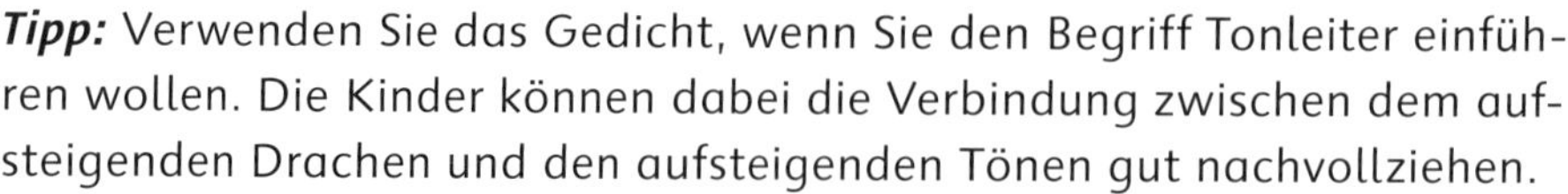

Tipp: Verwenden Sie das Gedicht, wenn Sie den Begriff Tonleiter einführen wollen. Die Kinder können dabei die Verbindung zwischen dem aufsteigenden Drachen und den aufsteigenden Tönen gut nachvollziehen.

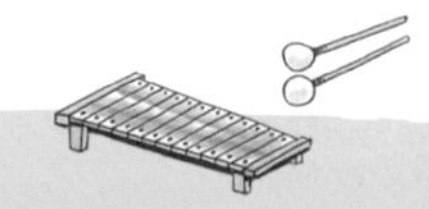

14 DIE VOGELSCHEUCHE

Lernziel:	Konzentration, soziales Lernen
Material:	Text „Die Vogelscheuche“, evtl. schwarze Tücher, gebastelte Schnäbel, Hut
Instrumente:	viele verschiedene
Zeit:	20 Minuten
Klassenstufen:	3–4

So geht's:
Kopieren Sie den Text für jedes Kind.

Die Kinder lesen das Gedicht zunächst für sich, dann abschnittsweise laut und sehr betont. In kleinen Gruppen probieren sie aus, an welchen Stellen und mit welchen Instrumenten sich der Text untermalen lässt. Die Ergebnisse werden den anderen Gruppen vorgestellt.

Tipp: Das Gedicht eignet sich gut für eine Aufführung. Es werden eine Vogelscheuche, ein Erzähler, viele Raben und mehrere Kinder mit Instrumenten gebraucht. Die Raben bekommen schwarze Tücher als Flügel und evtl. einen gebastelten Schnabel, die Vogelscheuche benötigt einen Hut. Das Gedicht wird von den Raben, die sich um die Vogelscheuche bewegen, abwechselnd vorgetragen und von den Instrumenten begleitet.

DIE VOGELSCHEUCHE

Die Raben rufen: „Krah, krah, krah!
Wer steht denn da, wer steht denn da?
Wir fürchten uns nicht, wir fürchten uns nicht
vor dir mit deinem Brillengesicht.

Wir wissen ja auch ganz genau,
Du bist nicht Mann, du bist nicht Frau.
Du kannst ja nicht zwei Schritte geh'n
und bleibst bei Wind und Wetter steh'n.

Du bist ja nur ein bloßer Stock,
mit Stiefeln, Hosen, Hut und Rock.
Krah, krah, krah!"

(Christian Morgenstern)

MUSIKALISCHE SPIELE IM WINTER

1 SCHNEEMANN, BIST EIN ARMER WICHT

Lernziel:	Bewegung, Singen, szenisches Darstellen
Material:	Liedblatt „Schneemann, bist ein armer Wicht", Hut, Stock (z. B. Besen), Wattebälle, gelbe Chiffontücher
Instrumente:	für die Variation: Klangbausteine in C, F, G oder Schellen
Zeit:	10 Minuten
Klassenstufen:	1–2

So geht's:
Kopieren Sie das Liedblatt für jedes Kind und üben Sie das Lied mit der Klasse ein.

Suchen Sie ein Kind aus, das den Schneemann spielt. Es bekommt einen Hut aufgesetzt und hält einen Stock (Besen) in der Hand. Die übrigen Kinder erhalten je ein gelbes Chiffontuch und einige Wattebälle. Sie stellen sich in einen Kreis und legen Tuch und Watte vor sich auf den Boden. Der Schneemann muss ganz still in der Mitte des Kreises stehen, während die übrigen Kinder die erste Strophe des Liedes singen. Nach „Holla, Schneemann, sieh dich vor" dürfen sie ihre Wattebälle aufheben und in die Mitte werfen. Der Schneemann bleibt weiter unbeweglich stehen, auch wenn er getroffen werden sollte.

In der zweiten Strophe scheint die Sonne. Die Kinder heben beim Singen ihre gelben Tücher auf und heben sie über den Kopf. Langsam gehen sie ein Stückchen in die Mitte, auf den Schneemann zu. Dieser beginnt zu „schmelzen": Er lässt den Stock fallen, wird immer kleiner, verliert seinen Hut und sitzt schließlich zusammengekauert auf dem Boden.

Variation:
Einige Kinder begleiten den Gesang auf Klangbausteinen (C, F, G). Sie richten sich dabei nach den Akkord-Symbolen über den Noten. Diese Variante gelingt jedoch nur, wenn die Kinder schon sicher lesen können. Eine andere Möglichkeit ist der Einsatz von Schellen, die an Schlittengeläut erinnern. Hiermit können die Kinder den Gesang frei begleiten.

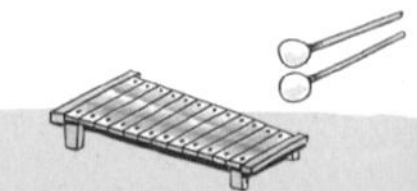

SCHNEEMANN, BIST EIN ARMER WICHT

Melodie und Text: überliefert

C F C
1. Schnee-mann, bist ein ar - mer Wicht,

3 F C G C
hast 'nen Stock und___ wehrst dich nicht.

5 G C
Hol - la, Schnee-mann, sieh dich vor! Fliegt ein Ball dir

8 G C F C
an das Ohr, fliegt ein Ball dir ins Ge - sicht,

11 F C G C
Schnee-mann, bist ein___ ar - mer Wicht!

2. Wenn die liebe Sonne scheint,
steht der Schneemann da und weint,
und in Stücke geht sein Rock,
aus den Händen fällt sein Stock,
auf den Boden rollt sein Kopf:
Schneemann, bist ein armer Tropf!

2 EIN WINTERTAG

Lernziel: Konzentration, soziales Lernen
Material: keines
Instrumente: möglichst viele verschiedene
Zeit: 15 Minuten
Klassenstufen: 1–4

So geht's:
Lesen Sie die Geschichte vor. Beim zweiten Durchgang werden Instrumente zur Untermalung eingesetzt (Vorschläge finden Sie in Klammern).

Ungemütlich war es an diesem Donnerstag. Seit Tagen wehte schon ein eisiger Wind *(mit der Hand über Trommelfell reiben)* und die Luft war klamm und feucht. Die Kinder warteten sehnsüchtig auf den ersten Schnee. Die Autos fuhren durch die Pfützen, die der letzte Regen hinterlassen hatte *(Guiros).* Gegen Nachmittag wurde es merklich kälter und eine dünne Eisschicht überzog die Pfützen. Nun knirschte es immer, wenn ein Auto hindurchfuhr *(Rassel).* Und dann fing es tatsächlich an zu schneien! Erst nur wenige kleine, später immer mehr weiße Flocken fielen vom Himmel und bedeckten die Straße und die Dächer mit einer weißen Schicht *(erst wenige, dann immer mehr einzelne leise Töne auf Stabspielen).* Die Kinder jubelten *(jubeln),* zogen sich warme Sachen an und liefen hinaus *(Holzblocktrommel).* Mit ihren dicken Winterstiefeln stapften sie durch den Schnee *(Trommelschläge).* Einige Kinder trafen sich auf dem Schulhof. Sofort wurde beschlossen, einen Schneemann zu bauen. Yasin und Emely rollten gemeinsam eine große Kugel für den Bauch des Schneemanns *(Rührtrommel),* Bennet stellte eine etwas kleinere her *(Triangel)* und für den Kopf war Helena zuständig *(Schellen).* Die Kinder stellten die drei Kugeln übereinander *(drei Schläge auf Klanghölzern)* und machten sich dann daran, dem Schneemann Arme zu beschaffen. Helin fand zwei Steine und einen Stock, aus dem sie dem Schneemann Augen und Nase machte. Emily drückte ihm sieben Steine als Mund ins Gesicht, einen nach dem anderen *(sieben Schläge auf der Holzblocktrommel).* Inzwischen dämmerte es und die Kirchturmuhr schlug fünfmal *(fünf Schläge auf dem Gong).* Oh Schreck, die Hausaufgaben mussten ja noch zu Ende gemacht werden! Die Kinder liefen schnell nach Hause und hofften, dass der Schneemann am nächsten Tag noch nicht weggetaut sein würde.

3 WEIHNACHTSLIEDER-RATEN

Lernziel:	Singen, genaues Hinhören, Erkennen von Rhythmen und Melodien
Material:	Kärtchen mit den Titeln von bekannten Weihnachtsliedern (evtl. in einem schön verzierten Karton aufbewahrt)
Instrumente:	beliebig
Zeit:	10 Minuten
Klassenstufen:	2–4

So geht's:

Das Weihnachtslieder-Raten ist ein beliebtes Ritual in der Adventszeit und kann z. B. an jedem Morgen im Dezember zu Beginn des Schultages durchgeführt werden. Die Kinder müssen dafür schon gut lesen können.

Ein Kind zieht eines der vorbereiteten Kärtchen mit dem Titel eines Weihnachtsliedes. Es hat nun mehrere Möglichkeiten, den Mitschülern das Lied vorzustellen: Entweder klatscht es den Rhythmus des Liedes, wobei es im Kopf mitsingt, oder es summt oder singt die Melodie auf „lalala". Möchte es nicht auf Melodie und Rhythmus eingehen, sondern auf den Text, so kann es entweder ein Bild an die Tafel malen, das zum Lied passt, oder versuchen, den Inhalt zu beschreiben, ohne den Titel zu nennen. Letzteres ist die schwierigste Variante. Die Klasse versucht, das Lied zu erraten.

Verteilen Sie, wenn der richtige Titel erkannt wurde, Musikinstrumente und singen Sie das Lied mit instrumentaler Begleitung einmal komplett durch. Das Kärtchen kommt wieder zu den anderen und wird untergemischt.

Tipp: Falls Sie im Advent einen Familiennachmittag oder eine Weihnachtsfeier veranstalten, lassen Sie doch einmal die Eltern die Weihnachtslieder erraten.

4 GLOCKEN KLINGEN

Lernziel: genaues Hinhören, Rhythmusgefühl
Material: Text „Glocken klingen"
Instrumente: Glocken in verschiedenen Größen, Schellen
Zeit: 10 Minuten
Klassenstufen: 1–2

So geht's:
Verteilen Sie unterschiedliche Glocken und Schellen auf dem Fußboden. Die Kinder gehen darum herum, ohne sie anzustoßen. Sprechen Sie währenddessen das Sprechstück.

Ist der kurze Vers zu Ende, bleibt jedes Kind vor einer Glocke stehen, hebt sie auf und spielt darauf einige Töne. Sobald Sie wieder anfangen zu sprechen, setzen sich die Kinder erneut in Bewegung. Wiederholen Sie dies einige Male. Nach dem letzten Mal behält jedes Kind die Glocke, die es gerade hat, und setzt sich mit den anderen in einen Kreis. Singen Sie das Lied „Kling Glöckchen" und begleiten es mit den Instrumenten. Diese erklingen nur bei „Kling Glöckchen, klingelingeling", sind aber in den Strophen leise. Es ist nicht ganz einfach, die Schellen stillzuhalten, die bei jeder noch so kleinen Bewegung klingen. Wer damit Schwierigkeiten hat, legt sein Instrument auf den Boden.

Üben Sie danach den Vers vom Anfang mit Glockenbegleitung ein. Besonders wichtig sind dabei die Pausen. Sie sind leichter einzuhalten, wenn Sie sie mit einer Bewegung verbinden: Heben Sie bei jeder Pause die freie Hand. Nach und nach klappt es sicher auch ohne diese Hilfe.

Variation:
Sprechen Sie den Vers zweimal. Beim ersten Durchgang spielen alle Glocken mit, beim zweiten alle Schellen.

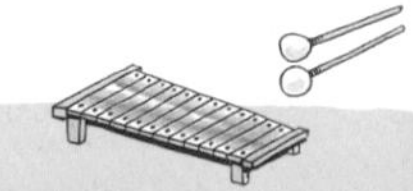

GLOCKEN KLINGEN

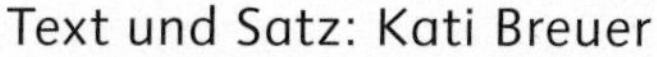
Text und Satz: Kati Breuer

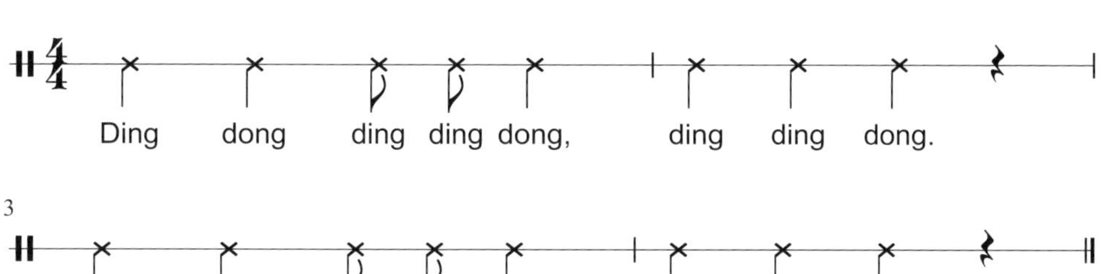

5 DIE ENTEN LAUFEN SCHLITTSCHUH

Lernziel: Konzentration, Fantasie
Material: Text „Die Enten laufen Schlittschuh"
Instrumente: keine
Zeit: 10 Minuten
Klassenstufen: 1–2

So geht's:
Kopieren Sie den Text für jedes Kind. Lesen Sie zunächst das Gedicht gemeinsam langsam und betont, bevor es mit Klängen unterlegt wird. Statt mit Instrumenten soll es nur mit dem eigenen Körper begleitet werden. Hierfür brauchen Sie einen oder mehrere Vorleser, die den Text sprechen, während die übrigen Kinder die Klänge zu den Versen erzeugen. Vorschläge für den Einsatz der Körper-Instrumente finden Sie in Klammern. Vielleicht findet Ihre Klasse aber ganz andere Lösungen.

Die Enten laufen Schlittschuh
Die Enten laufen Schlittschuh
auf ihrem kleinen Teich.
(Hände reiben)

Wo haben sie denn die Schlittschuh her –
sie sind doch gar nicht reich?
(mit den Fingerspitzen rhythmisch auf die Brust klopfen)

Wo haben sie denn die Schlittschuh her?
(mit den Händen leicht auf die Oberschenkel patschen)

Woher? Vom Schlittschuh-Schmied!
(bei „Schlittschuh-Schmied" links, rechts, links stampfen)

Der hat sie ihnen geschenkt, weißt du,
(den Mund geöffnet halten und auf die Wangen klopfen)

für ein Entenschnatterlied.
(Entengeräusche mit der Stimme machen)

(Christian Morgenstern)

Tipp: Versuchen Sie einmal, die Körper-Instrumente aufzunehmen. Es ist erstaunlich, wie anders die Geräusche dann klingen.

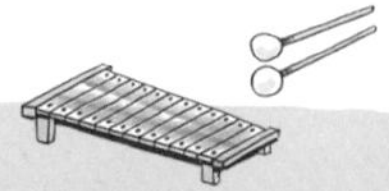

DIE ENTEN LAUFEN SCHLITTSCHUH

Die Enten laufen Schlittschuh
auf ihrem kleinen Teich.

Wo haben sie denn die Schlittschuh her –
sie sind doch gar nicht reich?

Wo haben sie denn die Schlittschuh her?
Woher? Vom Schlittschuh-Schmied!

Der hat sie ihnen geschenkt, weißt du,
für ein Entenschnatterlied.

(Christian Morgenstern)

6 OJE, OJE, NOCH IMMER LIEGT KEIN SCHNEE

Lernziel: Rhythmusgefühl
Material: keines
Instrumente: beliebig
Zeit: 10 Minuten
Klassenstufen: 1–2

So geht's:
Jedes Kind wählt ein Instrument aus. Die wiederkehrenden Zeilen werden von allen gemeinsam gesprochen (tutti). Jeweils die zweite Silbe von „Oje" bekommt einen Schlag auf den Instrumenten. Für die unterschiedlichen Strophen-Zeilen werden vier Kinder ausgewählt, die jeweils eine Zeile allein sprechen (solo). Falls gewünscht, kann der Vers so oft wiederholt werden, dass am Ende jedes Kind einmal eine Solo-Zeile gesprochen hat.

Oje, oje, noch immer liegt kein Schnee!
Oje, oje, noch immer liegt kein Schnee!
  Wir haben jetzt die Nase voll von Regen und Wind.
Oje, oje, noch immer liegt kein Schnee!
Oje, oje, noch immer liegt kein Schnee!
  Wir wollen einen Schneemann bau'n, das mag doch jedes Kind.
Oje, oje, noch immer liegt kein Schnee!
Oje, oje, noch immer liegt kein Schnee!
  Vom Himmel kommt nur Regen, keine Flocke ist zu seh'n.
Oje, oje, noch immer liegt kein Schnee!
Oje, oje, noch immer liegt kein Schnee!
  Ein bisschen Schnee, so 2, 3 Meter, ja, das wäre schön.
Oje, oje, noch immer liegt kein Schnee!
Oje, oje, noch immer liegt kein Schnee!

Tipp: Ältere Schüler können selbst weitere Solo-Zeilen schreiben. Sie müssen sich nicht unbedingt reimen.

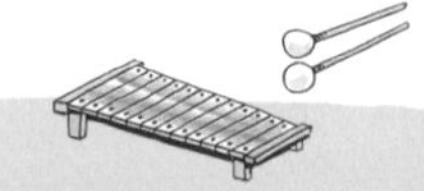

7 LICHTERTANZ

Lernziel: Konzentration, Koordination
Material: für jedes Kind ein Glas mit einem Teelicht, Streichhölzer, Johann Pachelbel: Kanon in D (evtl. bei YouTube), Stifte, Wassereimer/Feuerlöscher für Notfälle
Instrumente: keine
Zeit: mind. 45 Minuten
Klassenstufen: 3–4

So geht's:
Die Kinder hören zuerst das Musikstück einmal an. Wer möchte, schließt dabei die Augen. Je nachdem, welche Version Ihnen zur Verfügung steht, ist das Stück unter Umständen sehr lang. Sollten Sie feststellen, dass die Kinder unruhig werden, drehen Sie allmählich die Lautstärke herunter und blenden die Musik so vorzeitig aus.

Besprechen Sie dann, dass Sie zu dieser Musik einen Lichtertanz einstudieren wollen. Die Kinder sollen möglichst selbstständig daran arbeiten. In kleinen Gruppen probieren sie zur Musik verschiedene Bewegungen aus. Man kann z. B.:

- ➜ in einer Reihe oder im Kreis gehen/schreiten
- ➜ sich um sich selbst drehen
- ➜ im Stehen die Hand mit dem Kerzenglas heben und senken
- ➜ die Hand zur Kreismitte strecken
- ➜ einige Schritte zur Mitte gehen und wieder zurück

Die Teelichter sind zunächst noch nicht angezündet, werden aber bereits zum Tanzen verwendet.

Die Gruppen stellen ihre Ergebnisse vor und gemeinsam werden die besten Bewegungen ausgewählt und deren Reihenfolge festgelegt. Damit sich alle den Tanz merken können, sollten die Bewegungen schriftlich festgehalten werden. Der fertige Tanz wird mehrmals geübt und schließlich mit brennenden Kerzen durchgeführt. Er eignet sich hervorragend für eine Aufführung.

Tipp: Auf YouTube finden Sie auch Aufnahmen des Kanons als Rock- oder Techno-Version. Für die Kinder ist es sicher interessant, diese Musik, die mehrere hundert Jahre alt ist, einmal in einer modernen Fassung zu hören.

8 ADVENTSLIED

Lernziel: Konzentration, Rhythmusgefühl
Material: Adventskranz mit 4 Kerzen, Liedblatt „Adventslied“
Instrumente: für die Variation: zwei unterschiedliche in Klassenstärke (z. B. Rasseln und Klanghölzer)
Zeit: 5 Minuten
Klassenstufen: 1–4

So geht's:
Singen Sie das Lied in der Adventszeit täglich als morgendliches Ritual. Je nachdem, in welcher Adventswoche Sie sich gerade befinden, werden die entsprechenden Strophen gesungen und Kerzen angezündet.

Die Kinder begleiten die Strophen („Weihnachtszeit, Weihnachtszeit …“) mit Klatschen, der Refrain („Seht, die erste Kerze brennt …“) bleibt unbegleitet. Zur Abwechslung können Sie es auch einmal umgekehrt versuchen.

Tipp: Sind an Ihrer Schule echte Kerzen nicht erlaubt, so verwenden Sie elektrische Teelichter. Denkbar sind auch große, aus Tonkarton ausgeschnittene Kerzen, die Sie passend zum Lied an die Tafel hängen.

© Anja Boretzki

Variation:
Die Kinder begleiten das Lied mit zwei unterschiedlichen Instrumenten: Die Strophen werden von Rasseln, der Refrain von Klanghölzern begleitet oder, nach Absprache, umgekehrt. Stehen Ihnen die Instrumente nicht in Klassenstärke zur Verfügung, so teilen Sie die Kinder in zwei Instrumenten-Gruppen auf. Jede Gruppe begleitet ihren Teil und singt beim anderen nur mit.

Das Lied eignet sich auf diese Weise auch gut für eine Aufführung, z. B. beim Adventsnachmittag: Alle Kinder sitzen dabei auf Stühlen und singen. Jeweils diejenigen, die gerade mit der instrumentalen Begleitung an der Reihe sind, stehen singend und musizierend auf. Ist ihr Teil vorbei, setzen sie sich wieder, während die andere Gruppe aufsteht. Sie können hierbei auch mehr als zwei Instrumente einsetzen, nämlich für jede Strophe eine andere Sorte. Der Refrain wird immer von denselben Kindern begleitet.

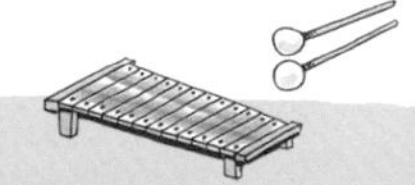

ADVENTSLIED

Melodie: italienisches Volkslied (Che Baccan); Bearbeitung und Text: Kati Breuer

G
1. Weih - nachts - zeit, Weih - nachts - zeit,

D
macht euch für das gro - ße Fest be - reit!

G C D
Seht, die ers - te Ker - ze brennt, schon ist er da, der

G C
ers - te Ad - vent. Seht, die ers - te Ker - ze brennt,

D G
schon ist er da, der ers - te Ad - vent.

2. Weihnachtszeit, Weihnachtszeit,
öffnet eure Herzen weit.
|: Seht, die zweite Kerze brennt,
schon ist er da, der zweite Advent. :|

3. Weihnachtszeit, Weihnachtszeit,
Kinder, bald ist es soweit.
|: Seht, die dritte Kerze brennt,
schon ist er da, der dritte Advent. :|

4. Weihnachtszeit, Weihnachtszeit,
Heiligabend ist jetzt nicht mehr weit.
|: Seht, die vierte Kerze brennt,
schon ist er da, der vierte Advent. :|

9 SCHNEEBALL-TANZ

Lernziel: Bewegung, Rhythmusgefühl
Material: Musik-CDs
Instrumente: für die Variation: Kleininstrumente (z. B. Egg Shaker)
Zeit: 10 Minuten
Klassenstufen: 1–4

So geht's:
Dieses Tanzspiel hat seinen Namen daher, dass ein Schneeball, wenn er einen Berg hinunterrollt, auf seinem Weg immer neuen Schnee mitnimmt und so immer größer wird. Genau so wird hier auch getanzt.

Die Kinder bilden einen Kreis, am besten im Stehen. Spielen Sie beliebige Musik von einer CD ein. Besonders gern tanzen die Kinder zu selbstgewählter Musik, die sie von zu Hause mitgebracht haben.

Ein Paar in der Mitte des Kreises beginnt zu tanzen. Sobald die Musik gestoppt wird, trennt sich das Tanzpaar und jeder der beiden sucht sich einen neuen Partner. In der zweiten Tanzrunde sind also bereits zwei, in der dritten vier Paare in der Mitte usw. Das Spiel wird so lange fortgesetzt, bis der „Schneeball" alle Kinder mitgenommen hat. Besteht ihre Klasse aus einer ungeraden Anzahl an Kindern, so darf das letzte Tanzpaar das übrig gebliebene Kind dazunehmen, sodass ein Trio entsteht.

Variation:
Die Kinder, die noch nicht tanzen, begleiten die Musik mit Instrumenten. Sobald sie ausgewählt werden, legen sie ihr Instrument zur Seite. Nach und nach spielen immer weniger Instrumente, dafür tanzen immer mehr Paare.

Dies ist auch umgekehrt möglich: Die Tänzer musizieren, zum Beispiel mit Egg Shakern. Wer ausgewählt wird, nimmt sich ebenfalls ein Instrument und tanzt und musiziert mit.

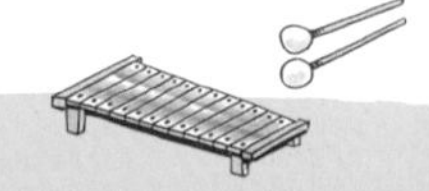

10 I'M A LITTLE SNOWMAN

Lernziel: Englisch, Improvisation
Material: Schal, Hut
Instrumente: Stabspiele, Klavier, Keyboard
Zeit: 10 Minuten
Klassenstufen: 3–4

So geht's:
Tragen Sie den Kindern das Gedicht möglichst auswendig und mit Gesten vor:

- little: mit zwei Fingern „klein" zeigen
- fat: mit den Armen einen dicken Bauch andeuten
- snowfall: die Finger zappeln langsam von oben nach unten
- shout: mit den Händen einen Trichter am Mund bilden

Verwenden Sie zusätzlich an den entsprechenden Stellen einen echten Schal (scarf) und Hut (hat) zur Verdeutlichung oder stellen Sie diese ebenfalls pantomimisch dar.

I'm a little snowman short and fat,
Here's my scarf and here's my hat.
When I see the snowfall,
Hear me shout
All you children please come out!
(Englischer Kinderreim)

© Anja Boretzki

Die Kinder lernen den Text zunächst mithilfe der Bewegungen auswendig. Sobald sie ihn können, erhalten sie die Aufgabe, das Gedicht nicht mehr zu sprechen, sondern zu einer selbstgewählten Melodie zu singen. Sie schließen sich dazu zu kleinen Gruppen zusammen und erproben unterschiedliche Möglichkeiten. Als Hilfe dürfen sie, sofern vorhanden, Stabspiele, Klavier oder Keyboard verwenden.

Tipp: Nehmen Sie die unterschiedlichen Melodien auf, z. B. mit der Recording-Funktion Ihres Handys, damit sie nicht wieder vergessen werden.

11 LASST UNS FROH UND MUNTER SEIN

Lernziel: Singen, Rhythmusgefühl
Material: Liedblatt „Lasst uns froh und munter sein"
Instrumente: für die Variation: Rhythmusinstrumente aus Holz
Zeit: 10 Minuten
Klassenstufen: 1–4

So geht's:
Kopieren Sie das Liedblatt für jedes Kind und singen Sie mit den Kindern das bekannte Nikolaus-Lied. Es hat einen einfachen Refrain. Daher bietet es sich an, jedes Mal nur diesen zu begleiten, die Strophen jedoch unbegleitet zu singen. Setzen Sie Körper-Instrumente ein und stellen Sie die Anforderung, dass jeder Refrain anders klingen muss. Die Klasse kann klatschen, stampfen, auf Brust oder Po klopfen, schnipsen usw.

Machen Sie aus dem Lied ein Spiel, indem Sie jeweils ansagen, welche Gruppe die nächste Strophe singt:
➜ alle Mädchen
➜ alle Jungen
➜ alle mit blonden Haaren
➜ alle, die ein Haustier haben
➜ alle, die gern Nudeln essen usw.

Der Refrain wird weiterhin gemeinsam gesungen und begleitet.

Variation:
Die Variation für ältere Kinder ist recht anspruchsvoll. Teilen Sie die Kinder in zwei Gruppen: die Sänger und die Musiker. Letztere erhalten Holzinstrumente und werden nochmals in zwei Gruppen geteilt. Gruppe 1 spielt auf den Instrumenten „Ni-ko-laus (Pause)", Gruppe 2 antwortet in doppeltem Tempo „tralalalala (Pause)". Sind das abwechselnde Sprechen und Spielen gefestigt, so werden sie zum Gesang der Sängergruppe hinzugefügt.

Lasst uns froh und	munter sein	und uns recht von	Herzen freu'n …
Nikolaus (Pause)	tralalalala (Pause)	Nikolaus (Pause)	tralalalala (Pause)

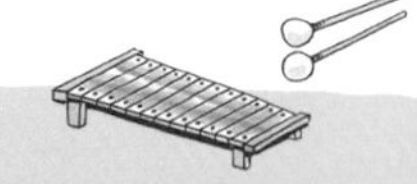

LASST UNS FROH UND MUNTER SEIN

Melodie und Text: Josef Annegarn

2. Bald ist uns're Schule aus,
   dann zieh'n wir vergnügt nach Haus. …

3. Dann stell ich den Teller auf,
   Niklaus legt gewiss was drauf. …

4. Steht der Teller auf dem Tisch,
   sing ich nochmals froh und frisch: …

5. Wenn ich schlaf, dann träume ich:
   Jetzt bringt Nikolaus was für mich. …

6. Wenn ich aufgestanden bin,
   lauf ich schnell zum Teller hin. …

7. Niklaus ist ein guter Mann,
   dem man nicht g'nug danken kann. …

12 EISIGES KLANGSPIEL

Lernziel: Konzentration, Kreativität
Material: Deckel von Gurkengläsern, Wollreste, Schere, Wasserfarben;
für die Variation: Äste, diverses Bastelmaterial in Weiß und Silber, weiße Acrylfarbe, Schnur, Schere
Instrumente: keine
Zeit: 10 Minuten
Klassenstufen: 1–2

So geht's:
Diese Idee funktioniert nur, wenn es draußen richtig kalt und frostig ist. Die Kinder gießen etwas Wasser, das sie zuvor nach Wunsch mithilfe ihres Malkastens gefärbt haben, in einen flachen Deckel, zum Beispiel von einem Gurkenglas. Er wird vorsichtig draußen an einen geschützten Platz gelegt. Ein Wollfaden, zu einer Schlinge geformt, wird so in das Wasser und über den Rand des Deckels hinaus platziert, dass er später als Aufhängung dient. Nun heißt es warten, am besten über Nacht.

Sobald das Wasser gefroren ist, lösen die Kinder das Eis vorsichtig aus dem Deckel heraus. Die Eisscheiben werden so dicht nebeneinander in einen Baum gehängt, dass sie sich berühren, wenn der Wind sie bewegt. Es entstehen dabei sehr zarte, klirrende Töne.

Variation:
Wenn es nicht kalt genug für die Eisscheiben ist, können Sie gemeinsam ein oder mehrere Klangspiele für den Klassenraum zum Thema Winter basteln. Hierfür eignet sich jedes nicht zu schwere Material, das weiß oder silbern ist oder bemalt werden kann: Holzperlen, alte Schlüssel, Schrauben, Tannenzapfen, Trinkhalme, Kugeln aus Alufolie, Streifen von Plastiktüten usw. Die Kinder fädeln die Materialien auf Schnüre auf und hängen mehrere davon nebeneinander an einen zuvor mit weißer Farbe und Glitzer verzierten, waagerecht aufgehängten Ast.

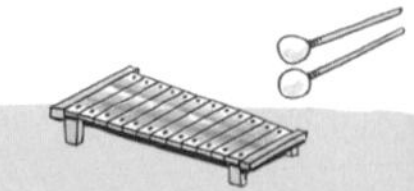

13 UNSER LICHT WIRD IMMER HELLER

Lernziel:	Stilleübung
Material:	eine große Kerze, für jedes Kind ein Teelicht, Streichhölzer, Wassereimer/Feuerlöscher für den Notfall; für die Variation: CD mit ruhiger Instrumentalmusik
Instrumente:	keine
Zeit:	15 Minuten
Klassenstufen:	1–4

So geht's:
Bilden Sie mit den Kindern einen Sitzkreis. In der Mitte steht auf einem kleinen Tisch eine brennende Kerze. Jedes Kind hat ein Teelicht in der Hand. Singen Sie leise den Namen eines Kindes. Das entsprechende Kind darf zur Kerze gehen und sein Teelicht anzünden. Anschließend stellt es sein Teelicht neben die große Kerze. Das Kind in der Mitte singt den nächsten Namen usw. Nach und nach brennen so immer mehr Lichter.

Variation:
Lassen Sie ruhige Instrumentalmusik laufen, während die Kinder die Kerzen anzünden. Die Namen werden bei dieser Variante nicht gesungen, sondern das nächste Kind wird jeweils durch Blickkontakt aufgefordert, nun in die Mitte zu gehen. Die Atmosphäre ist beim Einsatz von Musik etwas anders als beim Singen, aber nicht weniger ruhig und feierlich.

Tipp: Neben dem Einsatz in der Weihnachtszeit ist diese Stilleübung auch sehr gut als Abendritual für eine Klassenfahrt geeignet.

14 ENDLICH WIEDER FASCHINGSTAG

Lernziel: soziales Lernen
Material: keines
Instrumente: keine
Zeit: 10 Minuten
Klassenstufen: 1–4

So geht's:
Wenn die Kinder zu Fasching stolz mit ihren Verkleidungen in die Schule kommen, kann mit diesem Vers jedes Kostüm vorgestellt und richtig gewürdigt werden.

Die ersten vier Zeilen werden gemeinsam gesprochen und geklatscht. Nennen Sie dann in der fünften Zeile ein Kind beim Namen, das in die Mitte gehen und sein Kostüm präsentieren und ggf. erklären darf. Es sucht aus, wer als Nächstes an der Reihe sein soll.

Heute wird getanzt, gelacht
und mal richtig Quatsch gemacht.
Heute ist, was jeder mag,
endlich wieder Faschingstag!
Karim macht ein paar Schritte
und zeigt sich in der Mitte.

Wer möchte, kann einige Bewegungen vormachen, die typisch für seine Rolle sind: Die Prinzessin macht einen Hofknicks, die Katze zeigt ihre Krallen, der Superheld lässt seine Muskeln spielen.

Tipp: Statt die Kinder einzeln beim Namen zu nennen, können Sie auch die jeweiligen Rollen auffordern, sich zu präsentieren: „Die Prinzessin macht ein paar Schritte ...", „Die Cowboys machen ein paar Schritte ...".

Unter Umständen sind dann mehrere Kinder gleichzeitig an der Reihe, weil sie die gleiche Verkleidung tragen. Um dennoch jedes einzelne Kostüm zu würdigen, weisen Sie die Kinder auf die Unterschiede an der Kleidung hin.

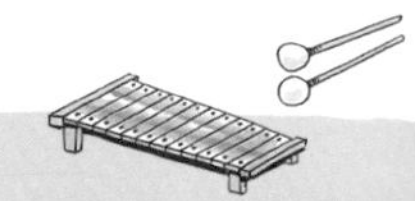

NATUR UND TIERE

1 TIERSTIMMEN WÜRFELN

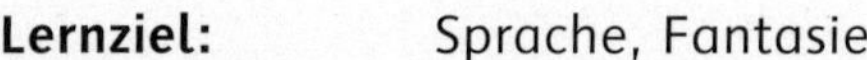

Lernziel: Sprache, Fantasie
Material: Bildkarten, für jedes Kind ein Würfel
Instrumente: beliebige Rhythmusinstrumente
Zeit: 10 Minuten
Klassenstufen: 1–4

So geht's:
Kopieren Sie die Bildkarten vergrößert und schneiden Sie sie auseinander. Hängen Sie sie an die Tafel. Alternativ können Sie auch sechs Felder an die Tafel zeichnen und in jedes Feld ein Tier malen/schreiben und von 1 bis 6 durchnummerieren.

Die Kinder würfeln alle gleichzeitig mit ihrem Würfel und machen die Stimme des Tieres nach, das zu der geworfenen Zahl gehört. Das gibt ein ziemliches Durcheinander, das viel Spaß macht. Lenken Sie das Spiel in etwas geordnetere Bahnen, indem Sie die jeweiligen Aktionen mit einem Schlag auf der Triangel signalisieren: Würfeln, Nachahmen des Tieres, Stille usw.

Variation:
Erweitern Sie die Tierzeichnungen um sechs weitere und ordnen Sie ihnen die Zahlen 7 bis 12 zu. Jedes Kind würfelt mit zwei Würfeln und addiert oder subtrahiert beide Zahlen. Es macht dann die Tierstimme nach, die dem Ergebnis der Rechenaufgabe entspricht (die Null bei der Subtraktion kann dann eine „Niete" sein).

Tipp: Regen Sie die Kinder dazu an, ihre eigene Telefonnummer oder ihr Geburtsdatum in den zuvor verwendeten Tiergeräuschen zu „verschlüsseln": So wird zum Beispiel aus der 8 ein Miauen, die 9 entspricht einem Bellen und die 1 wird gequakt. Wer schafft es, seinem Nachbarn die eigene Telefonnummer auf diese Weise so zu übermitteln, dass dieser sie entschlüsseln kann?

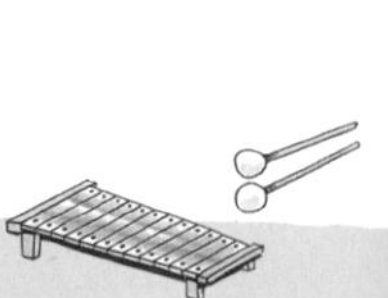

TIERSTIMMEN WÜRFELN

 1 © Anja Boretzki	 2 © Anja Boretzki
 3 © Anja Boretzki	 4 © Anja Boretzki
 5 © Anja Boretzki	 6 © Anja Boretzki

2 TIERFAMILIEN

Lernziel: Konzentration, soziales Lernen
Material: Bildkarten „Tierfamilien“, Liedblatt „Old MacDonald“
Instrumente: beliebig
Zeit: 10 Minuten
Klassenstufen: 1–2

So geht's:

Kopieren Sie die Bildkarten mit den Tieren 4-mal, sodass jedes Tier 4-mal vorliegt. Kopieren Sie das Liedblatt für jedes Kind.

Mischen Sie die vorbereiteten Karten und teilen Sie sie verdeckt an die Kinder aus. Erklären Sie ihnen, dass sich die Tierfamilien zusammenfinden sollen, wobei jede nur ihre eigene Sprache spricht. Die Mädchen und Jungen gehen dann muhend, blökend oder bellend kreuz und quer im Raum herum und versuchen, den Rest ihrer ebenfalls Tiergeräusche machenden Familie zu finden. Die Familie, die zuerst vollständig ist, hat gewonnen.

Singen Sie mit den Kindern anschließend das Lied „Old MacDonald had a farm“, je nach Klassenstufe auf Deutsch oder Englisch. Die in der jeweiligen Strophe genannte Tiergruppe steht auf und macht ihr Geräusch an der entsprechenden Stelle. Auch der Einsatz von beliebigen Instrumenten ist hier möglich. Es sind dann wiederum jeweils nur die genannten Tierfamilien mit dem Musizieren an der Reihe. Die Instrumente spielen nur an den Stellen, an denen die Tierstimme erklingt, also bei „muh-muh hier“ und „muh-muh da“ usw.

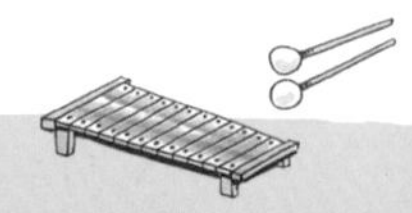

TIERFAMILIEN

OLD MACDONALD

Melodie und Text: überliefert

A D A E7 A
1. Old Mac Do - nald hat 'ne Farm, I - A - I - A - O. Da

5 D A E7 A
lau - fen vie - le Kü - he 'rum, I - A - I - A - O. Es macht

9 D A D A
muh-muh hier, es macht muh-muh da, hier ein Muh, da ein Muh,

12 D A
ü - ber - all machts muh - muh. Old Mac Do - nald

14 D A E7 A
hat 'ne Farm, I - A - I - A - O.

2. Old MacDonald had a farm, E-I-E-I-O.
And on his farm he had some chicks, E-I-E-I-O.
With a chick-chick here, and a chick-chick there,
here a chick, there a chick, everywhere a chick-chick.
Old MacDonald had a farm, E-I-E-I-O.

3 EIN BESUCH IM ZOO

Lernziel: Konzentration, Reaktionsvermögen
Material: keines
Instrumente: 4 verschiedene Sorten, jeweils mehrfach
Zeit: 10 Minuten
Klassenstufen: 1–2

So geht's:
Teilen Sie die Klasse in vier Gruppen ein. Jede Gruppe bekommt Instrumente einer Sorte und ein Tier zugeteilt, z. B. Rasseln für die Papageien. Immer wenn das eigene Tier im Text vorkommt, stehen die Kinder blitzschnell auf und spielen einige Töne auf ihrem Instrument.

Die Klasse 3b macht heute einen Ausflug in den Zoo. Besonders freuen sich die Kinder auf die **Affen** und die **Elefanten.** Schon im Bus haben sie davon gesprochen. Direkt am Eingang kommen sie aber erst einmal an den **Papageien** vorbei. Die bunten Vögel sehen wunderschön aus, machen aber einen ganz schönen Krach. Sie kreischen und pfeifen in **Papageien**-Sprache. Weiter geht es Richtung **Löwen**gehege. Während die Kinder dorthin unterwegs sind, hören sie die **Papageien** noch eine ganze Zeitlang. Bei den **Löwen** ist gerade Fütterungszeit. Ganz schön spannend! Die **Löwen** fressen sich satt, machen aber, anders als die **Papageien,** keine Geräusche. Nun geht es weiter, vorbei an den **Löwen** zum **Affen**haus. Auch hier ist es ziemlich laut. Die **Affen** schreien und springen in ihrem Käfig herum. „So ein **Affen**zirkus!", sagt Frau Löhmann, die Lehrerin der 3b. „Das ist ja fast so wie bei uns manchmal in der Sportstunde." Die Kinder lachen. Frau Löhmann hat Recht, manchmal toben sie wirklich herum wie die **Affen** im Käfig. Nachdem die Klasse den **Affen** eine Weile zugesehen hat, freuen sich jetzt alle auf die **Elefanten.** An den **Affen** vorbei geht es zum **Elefanten**gehege. Genau wie die **Löwen** werden auch die **Elefanten** gerade gefüttert. Sie fressen aber keine Körner wie die **Papageien** und keine Bananen wie die **Affen**. Die **Elefanten** bekommen große Heuballen. Ob die den **Löwen** wohl auch schmecken würden? Interessiert beobachten die Kinder, wie die **Elefanten** das Heu mit ihren Rüsseln zum Maul führen. Leider ist der schöne Ausflug dann schon fast wieder zu Ende. Die Klasse geht in Richtung Ausgang, vorbei an den **Elefanten,** den **Affen,** den **Löwen** und den **Papageien.** Das hat Spaß gemacht!

4 PFERDERENNEN

Lernziel: Konzentration, soziales Lernen
Material: keines
Instrumente: keine
Zeit: 5 Minuten
Klassenstufen: 1–2

So geht's:
Die Kinder knien oder sitzen dicht nebeneinander im Kreis. Erzählen Sie ihnen, dass das Pferderennen nun beginnt, und machen Sie selbst die entsprechenden Bewegungen vor. Alle Kinder machen mit:

> Die Pferde rennen los *(auf die Oberschenkel patschen).* Sie werden schneller *(schneller patschen)* und noch ein bisschen schneller *(noch schneller werden).* Da kommt eine Linkskurve *(weiter patschen und sich nach links beugen)*! Dann geht es wieder geradeaus *(weiter patschen und Oberkörper wieder gerade machen).* Oh, eine Rechtskurve *(weiter patschen und sich nach rechts beugen)*! Dann geht es wieder geradeaus *(weiter patschen und Oberkörper wieder gerade machen).* Jetzt laufen die Pferde über eine Brücke aus Holz *(auf die Brust klopfen),* dann geht es wieder weiter auf der Bahn *(auf die Oberschenkel patschen).*
> Jetzt springen die Pferde über den Wassergraben *(Sprung andeuten),* dann geht es wieder weiter auf der Bahn. Rechtskurve *(weiter patschen und sich nach rechts beugen),* geradeaus, Linkskurve *(weiter patschen und sich nach links beugen)* und alle Pferde werden noch einmal schneller *(schneller patschen).*
> Endspurt *(noch schneller patschen)*! Da ist die Ziellinie! Die Zuschauer jubeln (*jubelnd die Arme hochreißen).* Wir gehen im Schritt *(langsam patschen)* an den Zuschauern und der Tribüne vorbei und winken den Menschen dort zu *(lächeln und winken).* Geschafft! Das war ein tolles Rennen!
> Jetzt bringen wir die Pferde in den Stall *(langsamer patschen, schließlich ganz aufhören, pantomimisch die Stalltür schließen).*

5 NATURMUSIK

Lernziel:	Materialerfahrung, Fantasie
Material:	jeweils eine Stofftasche für 3–4 Kinder
Instrumente:	keine
Zeit:	30 Minuten
Klassenstufen:	1–4

So geht's:

Teilen Sie die Kinder in Kleingruppen von jeweils drei bis vier Schülern auf. Jede Gruppe bekommt einen Stoffbeutel und die Aufgabe, auf dem Schulhof, im Wald oder auf dem Schulausflug möglichst viele Dinge zu sammeln, mit denen man Geräusche erzeugen kann: Tannenzapfen, Steine, Schneckenhäuser, Äste, Sand …

Ist genug Material zusammengekommen, so probiert die Gruppe aus, wie sich damit Rhythmen und Melodien erzeugen lassen. Jede Gruppe bereitet einen Beitrag für eine kleine Aufführung für die übrigen Kinder vor. Die Reihenfolge der Auftritte wird ausgelost.

Variation:

Statt die Kinder völlig frei experimentieren zu lassen – diese Freiheit kann unerfahrene Schüler überfordern, sodass ihnen gar nichts mehr einfällt –, können Sie den Kindern ein Thema vorgeben, z. B.:

- ➜ Erfindet eine Begleitung für das „Fiderallala" beim Lied „Ein Vogel wollte Hochzeit machen". Jede Strophe soll anders klingen.
- ➜ Spielt uns auf euren Natur-Instrumenten eure Vor- und Nachnamen vor.
- ➜ Erfindet Geräusche zu einem Abzählvers, den ihr alle kennt. Sprecht und spielt ihn uns zusammen vor.
- ➜ Jedes Mitglied eurer Gruppe soll uns einen eigenen Rhythmus vorstellen. Sprecht euch gut ab, damit ihr alle etwas Unterschiedliches spielt.
- ➜ Begleitet mit euren Naturmaterialien das Lied „Bruder Jakob". Singt es in mindestens zwei verschiedenen Sprachen vor.

6 FIVE LITTLE MONKEYS

Lernziel: Konzentration, Englisch
Material: keines
Instrumente: keine
Zeit: 10 Minuten
Klassenstufe: 4

So geht's:

Üben Sie zunächst den englischen Reim ein, indem Sie ihn mehrmals sprechen. Die Kinder können entsprechend der Anzahl an Affen Finger hochhalten und sich auf ihren Stühlen im Sitzen ein wenig auf- und abbewegen, um das Hüpfen darzustellen. Der Affe, der sich den Kopf stößt, wird ebenso dargestellt wie die telefonierende Mutter und der mit dem Finger drohende Arzt.

Five little monkeys jumping on the bed,
One fell off and bumped his head.
Mama called the doctor and the doctor said
"No more monkeys jumping on the bed!"

Four little monkeys jumping on the bed,
One fell off and bumped his head.
Mama called the doctor and the doctor said
"No more monkeys jumping on the bed!"

Three/two/one little monkey(s) ...
(englischer Kinderreim)

Teilen Sie die Klasse dann in fünf Gruppen ein. Jede Gruppe symbolisiert einen der Affen. Am Anfang, wenn noch fünf Affen auf dem Bett hüpfen, sprechen alle Kinder gemeinsam, dann steigt die erste Gruppe aus und es sprechen nur noch die vier übrigen usw.

Die Gruppe, die jeweils nicht mehr spricht, übernimmt stattdessen die Rhythmusbegleitung. Legen Sie zuvor für jede Gruppe ein bestimmtes Körper-Instrument fest, z. B. Stampfen, auf die Oberschenkel Patschen, Klatschen usw. Der gesprochene Part wird also nach und nach immer leiser, weil weniger Kinder sprechen, dafür erhöht sich die Lautstärke der Rhythmusgruppe.

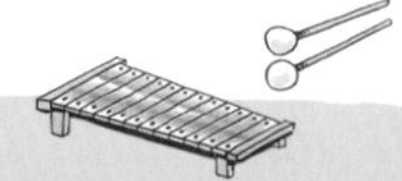

7 LEGEBILDER

Lernziel: Fantasie, Kooperation, Entspannung
Material: möglichst vielfältiges Legematerial (z. B. bunte Tücher, Wollreste, Stöckchen, Steine, Holzreste, Kastanien), Instrumentalmusik mit Naturgeräuschen; für die Variation: kleinteilige Materialien, evtl. Schuhkartondeckel und Kleber
Instrumente: keine
Zeit: 20 Minuten
Klassenstufen: 1–4

So geht's:
Stellen Sie der Klasse möglichst vielfältiges Legematerial zur Verfügung. Zu ruhiger Musik mit Naturgeräuschen legen die Kinder in Kleingruppen und ohne zu sprechen große Bilder auf dem Fußboden. Sie können, müssen aber nicht zum „Thema" der Musik passen. Manche Kinder arbeiten lieber nur mit den unterschiedlichen Formen und Farben, andere versuchen, gegenständlich zu arbeiten und Pflanzen, Steine usw. darzustellen. Beide Herangehensweisen sind in Ordnung, es gibt hier kein richtig oder falsch.

Sobald alle Gruppen fertig sind, werden die Bilder einander vorgestellt. Es kann sinnvoll sein, sie zu fotografieren, um sie später dann als Ausdrucke in der Klasse aufzuhängen.

Tipp: Steht Ihnen keine geeignete CD zur Verfügung, so finden Sie auf YouTube unter dem Stichwort „ Musik Naturgeräusche" etliche Stücke, die für diese Aktion geeignet sind.

Variation:
Eine solche Legearbeit zu Musik können die Kinder auch einzeln herstellen. Das verwendete Material muss dann natürlich kleinteiliger sein. Es eignen sich Märchenwolle, Stroh, Wellpappe, Stoff, getrocknete Hülsenfrüchte usw. Auch bei dieser Arbeit sollte möglichst nicht gesprochen werden. Dauerhafte Bilder entstehen, wenn die Mädchen und Jungen ihre Materialien in einem Schuhkartondeckel zunächst zur Probe arrangieren und später mit flüssigem Kleber fixieren.

8 WER WOHNT IN DIESEM STALL?

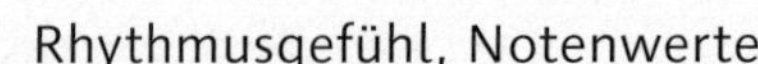

Lernziel:	Rhythmusgefühl, Notenwerte
Material:	Rhythmuskarten „Wer wohnt in diesem Stall?", Tierfiguren, 3 Gymnastikreifen
Instrumente:	keine
Zeit:	20 Minuten
Klassenstufen:	1–2

So geht's:

Legen Sie drei Gymnastikreifen mit etwas Abstand zueinander auf den Boden. Sie dienen als Ställe für die Tiere. Jedem Stall wird eine vorbereitete Notenkarte zugeordnet. Erklären Sie den Kindern, dass jedes Tier in dem Stall wohnt, dessen Noten zu seinem Namen gehören: Der Hund wohnt in dem Stall mit einer einzelnen Viertelnote, das Zebra dort, wo es zwei Viertelnoten sind, der Elefant bei zwei Achtel- und einer Viertelnote, das Eichhörnchen bei einer Viertel- und zwei Achtelnoten. Der Rhythmus der Silben wird klarer, wenn sie ihn entsprechend klatschen.

Die Kinder ordnen die Tierfiguren jeweils dem richtigen Stall zu. Je nachdem, welche Tiere Sie mitgebracht haben, bleiben vielleicht welche übrig, die zu keinem der vier Rhythmen passen.

Variation:

Dieses Zuordnungsspiel können Sie statt mit Tieren auch mit Dingen spielen: In welchen Reifen gehören diese Instrumente/Obstsorten/Spielsachen ...? Was bleibt übrig und wie klingt es? Großen Spaß macht es, wenn die Kinder sich selbst anhand ihres Namens den Reifen zuordnen. Sie können die Rhythmen natürlich auch noch erweitern und mehr Reifen als drei verwenden. Auch die Erstellung eines Arbeitsblatts zu diesem Thema ist denkbar und recht schnell gemacht.

Tipp: Die Kinder können gezielt im Klassenraum nach Gegenständen suchen, die den gezeigten Notenwerten entsprechen, und sie zuordnen: Buch, Stift, Heft .../Füller, Mappe, Pinsel .../Zeichenblock, Klebestift ... werden den entsprechenden Reifen zugeordnet. Was nirgends passt, kommt an die Seite.

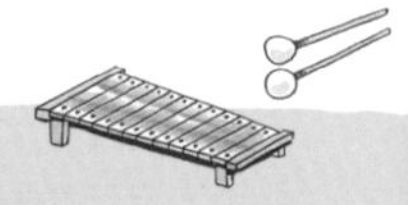

WER WOHNT IN DIESEM STALL?

9 *JIMBO'S LULLABY*

Lernziel: Konzentration, Fantasie, Bewegung
Material: Claude Debussy: „Jimbo's Lullaby" (evtl. bei YouTube); zusätzlich für die Variation: Aufnahme von „Der Elefant" aus dem „Karneval der Tiere" von Camille Saint-Saëns
Instrumente: keine
Zeit: 10 Minuten
Klassenstufen: 1–2

So geht's:
Die Kinder hören sich das Musikstück zunächst einmal an, ohne dass Sie ihnen den Titel verraten. Geben Sie den Tipp, dass das Stück für ein bestimmtes Tier geschrieben wurde, und lassen Sie die Kinder Mutmaßungen anstellen, welches wohl gemeint sein könnte. Lösen Sie auf: Es ist der Elefant und das Stück heißt „Jimbo's Lullaby" (Jimbos Schlaflied).

Beim zweiten Hören bewegen sich die Kinder schwerfällig wie Elefanten durch den Raum, sie versuchen dabei, die Musik in Bewegung umzusetzen. Schläft der Dickhäuter bei diesen Klängen wirklich ein oder tanzt er eher in Zeitlupe? Jedes Kind findet seine eigene Interpretation.

Variation:
Hören Sie im Anschluss den Elefanten aus dem „Karneval der Tiere" an und fordern Sie die Kinder wieder zu passenden Bewegungen auf. Sprechen Sie danach mit den Schülern über die in den beiden Stücken verwendeten Instrumente („Jimbo's Lullaby": Klavier; Elefant aus dem „Karneval der Tiere": Klavier, Kontrabass) sowie über Ähnlichkeiten und Unterschiede. Welches Stück gefällt Ihrer Klasse besser und warum?

Tipp: Lassen Sie die Kinder anschließend einen Elefanten malen oder aus Büchern bzw. im Internet Informationen über Elefanten heraussuchen.

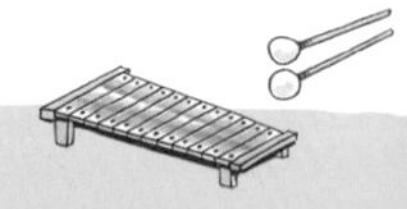

10 APFEL-NOTEN

Lernziel: genaues Hinhören, Notenwerte
Material: mehrere Äpfel, Messer;
für die Variation: LEGO-Steine
Instrumente: keine
Zeit: 10 Minuten
Klassenstufen: 1–2

So geht's:
Bitten Sie die Kinder, die Augen zu schließen und genau hinzuhören. Beißen Sie dann kräftig in einen Apfel. Wer errät, was das dabei entstehende Geräusch erzeugt hat?

Teilen Sie einen neuen Apfel in der Mitte durch und verbalisieren Sie, dass aus einem ganzen Apfel zwei halbe geworden sind. Zusammen ergeben beide Hälften wieder einen ganzen Apfel. Teilen Sie die beiden Hälften nochmals. Es ergeben sich vier Viertel. Teilen Sie die Viertel ein weiteres Mal, sodass Sie acht Achtel erhalten.

Fügen Sie den Apfel zwischendurch immer wieder zusammen, damit die Kinder vor Augen haben, dass aus mehreren Stücken immer wieder der ganze Apfel zusammengesetzt wird. Erklären Sie, dass es bei den Noten genauso ist: Eine ganze Note kann „durchgeschnitten" werden und ergibt dann zwei halbe Noten. Werden diese wiederum halbiert, entstehen vier Viertelnoten. Diese sind zusammen genau so lang (groß) wie eine Ganze.

Schneiden Sie weitere Äpfel in Viertel oder Achtel und geben Sie sie den Kindern zu essen: „Heute essen wir mal Noten."

Variation:
Die Notenwerte (bzw. der erste Umgang mit Brüchen) lassen sich auch gut mit LEGO-Steinen erklären: Ein Achter-Stein steht für die ganze Note, der Vierer für die halbe, Zweier- und Einerstein für Viertel- und Achtelnote.

11 ICH GING DURCH DEN WALD UND HÖRTE …

Lernziel:	Fantasie
Material:	keines
Instrumente:	möglichst viele verschiedene (alternativ: Alltagsgegenstände)
Zeit:	20 Minuten
Klassenstufen:	1–2

So geht's:

Legen Sie die Instrumente oder Alltagsgegenstände gut erreichbar in die Mitte des Sitzkreises und beginnen Sie damit, den ersten Satz einer Geschichte zu erzählen. Das Ende des Satzes wird allerdings nicht ausgesprochen, sondern mit einem Klang auf einem der Instrumente beendet: „Ich ging durch den Wald und hörte … (einen Ast knacken/Klanghölzer)“. Legen Sie das Instrument wieder zu den anderen und fordern Sie ein Kind auf, die Geschichte mit einem eigenen Satz weiter zu erzählen.

Variation:

Sie können solche Geschichten auch komplett ohne Material erfinden, z. B. wenn am Ende einer Stunde noch ein paar Minuten Zeit übrig sind. Die Geräusche werden dann mit der Stimme und mit Körper-Instrumenten gemacht.

Tipp: Wenn die Kinder mit dem Spiel vertraut sind, nehmen Sie einmal eine solche Geschichte auf. Sie haben auf diese Weise ohne großen Aufwand ein eigenes kleines Klassenhörspiel produziert, das die Kinder, auf CD gebrannt, gern als Erinnerung mit nach Hause nehmen.

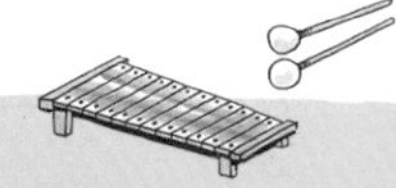

12 KOKOSNUSS-REISSVERSCHLUSS

Lernziel: Sprache
Material: Kokosnuss, evtl. Walnüsse
Instrumente: Klanghölzer
Zeit: 10 Minuten
Klassenstufen: 1–2

So geht's:

Bringen Sie eine Kokosnuss mit und zeigen Sie sie den Kindern. Verwenden Sie sie in Verbindung mit einem Holzschlägel als Rhythmusinstrument. Spielen und sprechen Sie den Vers.

> Warum hat denn die Kokosnuss
> noch immer keinen Reißverschluss?
> Kokosnuss-Reißverschluss,
> die Schale ist zu dick.
> (überliefert)

Verteilen Sie Walnüsse oder Klanghölzer an die Kinder. Spielen und sprechen Sie den Vers gemeinsam – zunächst langsam, später schneller. Sprechen Sie den Vers, sobald er sitzt, im Kanon. Immer, wenn eine Gruppe „Warum hat denn" gesagt hat, setzt die nächste ein. Wie viele Gruppen schafft Ihre Klasse?

Die mitgebrachte Kokosnuss wird geöffnet (dies ist nicht ganz einfach, Sie benötigen dafür Werkzeug! Eine Anleitung finden Sie z. B. unter www.kokos-nuss.de/kokosnuss/oeffnen.html). Die Nuss wird dann halbiert und das Fruchtfleisch zum Probieren verteilt. Schleifen Sie die raue Schale mit Schleifpapier glatt. Die Kokosnusshälften eignen sich zum Musikmachen, denn man kann mit ihnen täuschend echt Pferdegetrappel nachahmen.

13 VIELE BÄUME STEH'N IM WALD

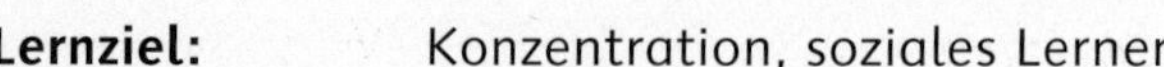

Lernziel:	Konzentration, soziales Lernen
Material:	Chiffontücher
Instrumente:	beliebig, evtl. Heulschläuche
Zeit:	10 Minuten
Klassenstufen:	1–2

So geht's:

Die Kinder stehen verteilt im Raum. Lesen Sie das Gedicht vor. Geben Sie den Kindern dabei Zeit, sich in den Text hineinzuversetzen und sich entsprechend zu bewegen.

Viele Bäume steh'n im Wald.
Die Luft bewegt sich bald,
da kommt jemand geflogen,
der hat die Bäume gebogen.
Manche Bäume wirft er gar um,
die Blätter tanzen ringsherum.
Und ist er wieder fort,
steht jeder Baum
ganz still am Ort.
Nun ratet mal geschwind,
wer war denn das? (Der Wind!)
(mündlich überliefert)

Teilen Sie dann die Kinder in „Bäume“ und „Wind“ ein. Während die Bäume wie beim ersten Mal fest auf dem Boden stehen und den Oberkörper passend zum Text bewegen, laufen die Wind-Kinder mit Chiffontüchern zwischen ihnen hindurch.

Tipp: Wenn Ihnen Heulschläuche zur Verfügung stehen, können einige Kinder passende Geräusche damit machen. Aus Sicherheitsgründen müssen sie einigen Abstand zu „Bäumen“ und „Wind“ einhalten.

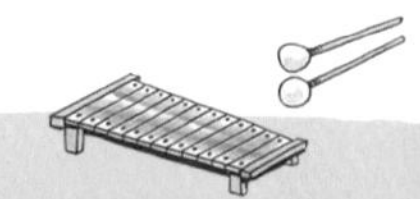

14 RAIN, RAIN, GO AWAY

Lernziel: Sprache, Rhythmusgefühl, Englisch (Wochentage)
Material: keines
Instrumente: Klanghölzer
Zeit: 10 Minuten
Klassenstufen: 3–4

So geht's:
Lernen Sie zunächst den kurzen Vers mit den Kindern. Er wird sehr rhythmisch gesprochen und mit Klatschen oder Schlägen auf Klanghölzern begleitet.

Rain, rain, go away.
Come again another day.
(englischer Kinderreim)

Der Vers wird mehrmals hintereinander gesprochen. Für „another day" werden bei den Wiederholungen nach und nach die Wochentage eingesetzt: „... on Monday", „... on Tuesday" usw.

Variation:
Die Kinder sprechen und spielen den Vers mit einem immer gleichbleibenden Vor-, Zwischen- und Nachspiel. Sobald der nächste Tag genannt wurde, verstummen die Klanghölzer für vier Schläge und setzen mit „Rain, rain, rain, rain" wieder ein:

Rain, rain, rain, rain,
rain, rain, go away.
Come again on Monday.
(4 Schläge Pause)

Rain, rain, rain, rain,
rain, rain, go away.
Come again on Tuesday.
(4 Schläge Pause)

usw.

Die Pause lässt sich am leichtesten einhalten, wenn die Kinder dabei vier Schläge mit dem Klangholz in die Luft machen und (im Kopf) mitzählen.

© Q. Gute Grafik

DIES UND DAS

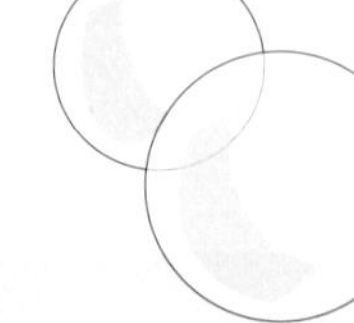

1 RHYTHMUS WÜRFELN

Lernziel: Notenwerte, Rhythmusgefühl
Material: Rhythmus-Karten „Rhythmus würfeln“ oder Tafel und Kreide, für jedes Kind ein Würfel
Instrumente: keine
Zeit: 10 Minuten
Klassenstufen: 3–4

So geht's:
Geben Sie sechs verschiedene Rhythmen vor, indem Sie entweder die Rhythmus-Karten vergrößert kopieren und an die Tafel hängen oder sich selbst einige Rhythmen überlegen und an die Tafel schreiben. Die Länge und Schwierigkeit hängt davon ab, welche Vorkenntnisse Ihre Klasse hat. Ordnen Sie jedem Rhythmus eine der Zahlen von 1 bis 6 zu. Klatschen Sie jeden Rhythmus einmal allein vor, ein weiteres Mal gemeinsam oder auch öfter, bis er den Kindern geläufig ist.

Verteilen Sie dann die Würfel. Alle würfeln gleichzeitig und klatschen den Rhythmus, der ihrer Würfelzahl entspricht, danach den nächsten usw. Jedes Kind muss sich dabei besonders konzentrieren, damit es nicht von den ebenfalls klatschenden Mitschülern durcheinandergebracht wird.

Variation:
Die Kinder erwürfeln drei- oder vierstellige Zahlen, die sie zunächst aufschreiben, dann wiederum klatschen, indem sie die Rhythmen entsprechend nacheinander lesen.

Erweitern Sie die Rhythmen auf zehn verschiedene, indem Sie welche für die Ziffern 0 und 7 bis 9 hinzunehmen. Nun können die Kinder beispielsweise ihre Telefonnummer oder ihr Geburtsdatum „in Rhythmus-Geheimsprache“ übersetzen oder aber Rechenaufgaben erfinden:
Ein Kind klatscht einen der Rhythmen, nennt das Rechenzeichen und klatscht den zweiten Rhythmus. Wer kann die Aufgabe lösen und das Ergebnis klatschen?

Tipp: Falls Ihre Klasse gerade Noten lernt, können diese Ideen auch auf Tonhöhen oder kleine melodische Motive übertragen werden.

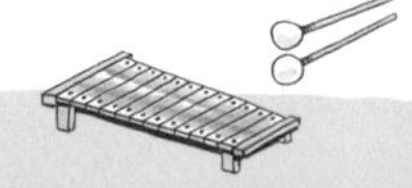

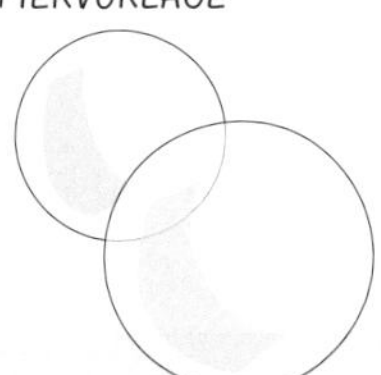

RHYTHMUS WÜRFELN

2 HEXE HANNI UND DER NEUE BESEN

Lernziel: Konzentration, Reaktionsvermögen
Material: keines
Instrumente: keine
Zeit: 5 Minuten
Klassenstufen: 1–3

So geht's:
Die Kinder sitzen auf ihren Stühlen, während Sie die Geschichte vorlesen. Immer wenn das Wort „Besen" vorkommt, springen die Schüler auf und singen laut: „Besen, flieg los!"

Hexe Hanni war froh. Endlich hatte sie einen neuen **Besen,** mit dem sie ihre Freundin Walburga in Weinheim besuchen konnte. Ihr alter **Besen** war ihr vor einem Monat zerbrochen, als sie damit das Wohnzimmer fegte. Sie war aber auch selber schuld: Eine Hexe benutzt ihren **Besen** zum Fliegen, nicht zum Saubermachen. Mit einem **Besen** fegen, sowas machen nur die normalen Leute, die nicht auf **Besen** fliegen können. Hexen zaubern ihren Fußboden einfach sauber, damit sie sich nicht mit einem **Besen** abplagen müssen. Diesen Fehler würde Hanni sicher nicht so bald wieder machen. Lächelnd betrachtete sie ihren neuen **Besen.** Heute Abend war sie mit Walburga in Weinheim verabredet. Hanni zog sich einen sauberen Rock an, band sich ihr buntes Kopftuch um ihr Haar und schon ging es los. Hui, der neue **Besen** sauste aber! „Viel besser als mein alter **Besen**", dachte Hanni, „das macht richtig Spaß!" Lachend sauste Hanni auf ihrem **Besen** durch die Luft. Keine Viertelstunde später war sie am Ziel. Sie landete vor Walburgas Haus und klopfte an die Tür. Die beiden Freundinnen umarmten sich und gingen hinein. Den **Besen** ließ Hanni vor der Tür stehen. Walburga hatte eine tolle Hexensuppe aus Schneckenschleim, Krötenaugen, Brennnesseln und Fliegenbeinen gekocht. Die beiden Hexen ließen es sich schmecken und plauderten über dies und das. Natürlich erzählte Hanni auch von ihrem neuen **Besen.** Walburga war begeistert und wollte sich den **Besen** unbedingt einmal ansehen. „Ich muss jetzt sowieso wieder nach Hause. Komm doch mit vor die Tür, dann zeige ich dir den **Besen**." Walburga und Hanni gingen zusammen hinaus. Hanni stieg auf ihren **Besen** und Walburga winkte ihr zum Abschied noch einmal zu. „Bis zum nächsten Mal, liebste Freundin, dann komme ich dich besuchen!"

3 ICH MALE WAS, WAS DU NICHT SIEHST

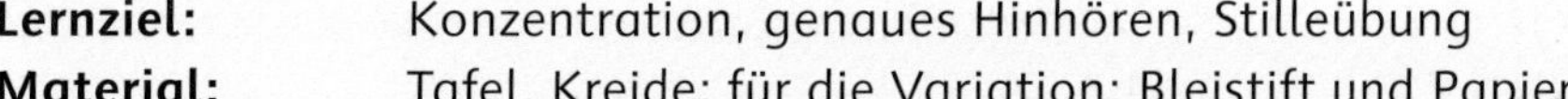

Lernziel: Konzentration, genaues Hinhören, Stilleübung
Material: Tafel, Kreide; für die Variation: Bleistift und Papier bzw. Buntstift und Schmirgelpapier
Instrumente: keine
Zeit: 15 Minuten
Klassenstufen: 1–4

So geht's:

Ein Kind geht an die Tafel, alle anderen schließen die Augen. Das Kind an der Tafel malt mit Kreide mehrmals eine einfache Form, z. B. einen Kreis, ein Dreieck, einzelne Striche oder eine Wellenform.

Können die Mitschüler anhand des Geräuschs, das die Kreide beim Zeichnen an der Tafel macht, die Form erraten? Wer glaubt, die Form erkannt zu haben, hebt den Finger, behält die Augen aber geschlossen. Das Kind, das gezeichnet hat, wartet, bis einige Finger oben sind, und fordert dann die übrigen Schüler auf, die Augen zu öffnen und zu überprüfen, ob sie richtig lagen.

Dann ist ein anderes Kind an der Reihe.

Tipp: Ältere Kinder schreiben einzelne Buchstaben oder Zahlen statt der Formen.

Statt an der Tafel zu malen, ist auch die Verwendung von Papier und Bleistift möglich. Besonders deutlich zu hören sind die Bewegungen eines Buntstiftes auf Schmirgelpapier. Wird nicht die Tafel verwendet, so sollten die Kinder in kleinen Gruppen arbeiten, die räumlich voneinander getrennt sind, denn diese Geräusche sind schwieriger zu hören. Die Kleingruppenarbeit hat allerdings den Vorteil, dass dort jedes Kind einmal mit dem Zeichnen an die Reihe kommen kann.

Variation:

Es sollen Schritte erraten werden. Ein Kind hüpft, marschiert, schleicht, trampelt ... durch die Klasse, die übrigen schließen die Augen und erraten die Gangart.

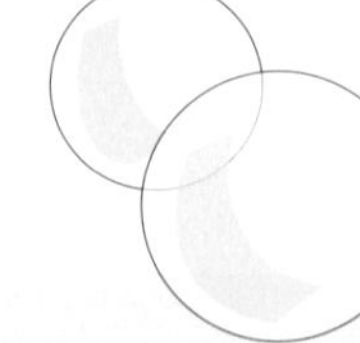

4 LIEDER-DETEKTIVE

Lernziel: Konzentration, Sprache
Material: vorbereitetes Arbeitsblatt mit Liedern, die Fehler enthalten
Instrumente: für jedes Kind ein beliebiges
Zeit: 10 Minuten
Klassenstufen: 2–4

So geht's:
Bereiten Sie ein Arbeitsblatt mit bekannten Liedtexten vor, in die Sie etliche Fehler einbauen: „Es war eine Mutter, die hatte fünf Kinder", „Sankt Martin ritt durch Schnee und Rind", „Alles neu macht der Juni" usw. Richten Sie sich nach dem Lieder-Repertoire der Kinder. Kopieren Sie das Arbeitsblatt für jedes Kind.

Verteilen Sie an jedes Kind ein Instrument.

Singen Sie den Kindern einige andere bekannte Lieder vor und verändern Sie etwas daran: Das kann die Melodie sein, der Rhythmus oder der Text. Letzteres ist die einfachste Variante. Wenn die „Lieder-Detektive" den Fehler entdecken, spielen sie auf ihrem Instrument einen lauten Ton, es heißt also: Gut aufpassen! Singen Sie anschließend gemeinsam das Lied noch einmal richtig und musizieren Sie dazu.

Danach suchen die Mädchen und Jungen die Fehler auf dem Arbeitsblatt und kreisen sie ein. Gern erfinden sie auch selbst solche „Liederrätsel" für ihre Klassenkameraden.

Tipp: Bei den älteren Kindern kommt es besonders gut an, wenn Sie aktuelle Songs aus dem Radio für dieses Spiel verwenden.

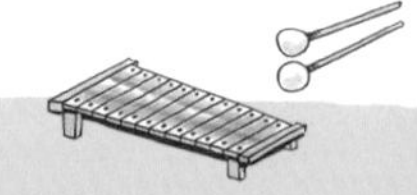

5 MUSIK-STOPP-SPIELE

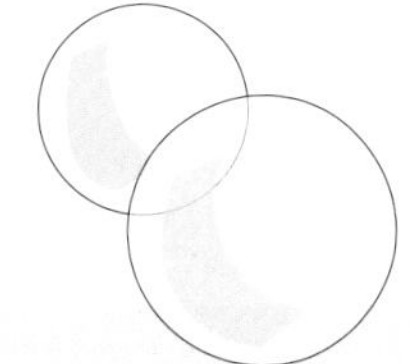

Lernziel: Bewegung, soziales Lernen, Fantasie
Material: Musik-CDs
Instrumente: keine
Zeit: 10 Minuten
Klassenstufen: 1–4

So geht's:
Stopptanz ist bei den meisten Kindern sehr beliebt und kann durch kleine Änderungen noch interessanter gemacht werden. Die folgenden Varianten werden gespielt, ohne dass Kinder ausscheiden müssen, also nur aus Spaß an der Bewegung.

→ **Statuen bauen:** Jedes Kind sucht sich einen Partner. Die beiden legen fest, wer zuerst zur Statue werden soll und wer der Bildhauer ist. Zur Musik bewegen sich die Paare beliebig durch den Raum. Sobald Sie die Musik anhalten, erstarrt die „Statue". Der „Bildhauer" darf sie langsam in beliebige Positionen verformen. Die Statuen müssen so lange still stehen bleiben, bis die Musik wieder angeschaltet wird. In der nächsten Musikpause wechseln die Partner die Rollen.

→ **Zahlentanz:** Rufen Sie, während die Musik läuft, eine Zahl zwischen eins und zehn. Stoppt die Musik, bilden die Kinder Kreise mit genau dieser Anzahl an Teilnehmern. Hier sind auch kleine Additions- und Subtraktionsaufgaben möglich, z. B. „Bildet Kreise mit 4+2 Kindern!".

→ **Stopptanz verkehrt:** Spielt die Musik, so stehen die Kinder still, verstummt sie, so wird getanzt – die Kinder bewegen sich im Nachhören der soeben gehörten Musik.

→ **Aufgabe:** Rufen Sie für jede Musikpause eine Aufgabe in den Raum, z. B. „Setzt euch auf den Boden!", „Legt euch auf den Bauch!", „Berührt eine Wand!", „Macht euch ganz groß!" usw.

6 SEIFENBLASEN-SINGEN

Lernziel: Stimmbildung, Atemübung, grafische Notation
Material: Seifenblasen, Papier, Stifte, Klebeband
Instrumente: für die Variation: Stabspiele, Klavier, Keyboard
Zeit: 20 Minuten
Klassenstufen: 1–4

So geht's:

Pusten zuerst Sie, später abwechselnd eines der Kinder, Seifenblasen. Jedes Kind sucht sich in Gedanken eine davon aus und verfolgt sie mit den Augen, bis sie gelandet oder zerplatzt ist. Neue Seifenblasen werden gepustet. Diesmal begleitet jedes Kind „seine" bei ihrem Flug mit der Stimme, indem es auf „a" oder einem anderen Vokal singt. Steigt die Seifenblase auf, so erhöht sich auch der Ton, sinkt sie herunter, wird auch der Gesang tiefer. Wer schafft es mit einem einzigen Atemzug?

Spielen Sie das Spiel mehrmals mit unterschiedlichen Vokalen. Die Kinder können auch summen („m", „w" ...).

Befestigen Sie großformatiges Papier so an der Wand, dass die Kinder zum Malen gut heranreichen. Jedes hält seinen Stift schon griffbereit in der Hand, bevor die Seifenblasen fliegen. Die Aufgabe lautet nun, eine Seifenblase gleichzeitig mit den Augen, mit der Stimme und mit dem Stift auf dem Papier zu verfolgen – ganz schön schwierig! Die Kinder betrachten und vergleichen ihre Zeichnungen. Sie gehen von einer zur anderen und versuchen, die Bilder in Gesang umzusetzen.

Variation:

Statt mit der Stimme kann der Flug der Seifenblasen auch mit Instrumenten begleitet werden. Es eignen sich alle Instrumente, auf denen man gleitende Klänge (Glissandi) erzeugen kann, z. B. Klavier, Keyboard, Stabspiele, Lotusflöte.

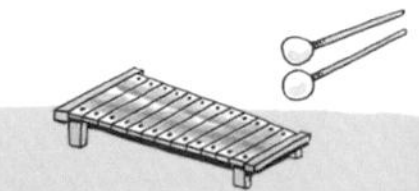

7 LAURENTIA, LIEBE LAURENTIA MEIN

Lernziel: Singen, Bewegung
Material: Liedblatt „Laurentia, liebe Laurentia mein"
Instrumente: Melodie-Instrumente, Rhythmusinstrumente
Zeit: 10 Minuten
Klassenstufen: 1–2

So geht's:
Kopieren Sie das Liedblatt für jedes Kind.

Die Kinder stehen im Kreis und singen das Lied. Bei jedem „Laurentia" sowie bei jedem Wochentag gehen sie einmal in die Knie. Da das Lied immer länger wird, ist das gegen Ende ganz schön anstrengend.

Kinder, die schon Englisch lernen, setzen die englischen Wochentage ein.

Wenn Sie die Klasse in Sänger und Instrumentalisten aufteilen, klingt das Lied noch schöner. Die Musiker mit den Rhythmusinstrumenten spielen jeweils einen Schlag auf der 1 jedes Taktes (Auftakt beachten!). Stabspiele, Boomwhackers und Klangbausteine übernehmen die Akkorde F und C, indem sie die entsprechenden Töne nach den angegebenen Buchstaben spielen. Soll die Begleitung noch etwas voller klingen, erweitern Sie die Akkorde: F besteht aus den Tönen F, A, C und C aus C, E, G. Die Töne können gleichzeitig oder (schwieriger) hintereinander gespielt werden.

Tipp: Singen und spielen Sie das Lied beim Sommerfest oder ähnlichen Gelegenheiten mit Kindern und Eltern in einem großen Kreis.

LAURENTIA, LIEBE LAURENTIA MEIN

Melodie und Text: überliefert

2. Laurentia, liebe Laurentia mein,
   wann wollen wir wieder beisammen sein?
   Am Montag!
   Ach, wenn es doch endlich schon Sonntag, Montag wär'
   und ich bei meiner Laurentia wär', Laurentia!

3. Laurentia, liebe Laurentia mein,
   wann wollen wir wieder beisammen sein?
   Am Dienstag!
   Ach, wenn es doch endlich schon Sonntag, Montag, Dienstag wär'
   und ich bei meiner Laurentia wär', Laurentia!

   usw. bis „Samstag".

8 HOCH UND TIEF

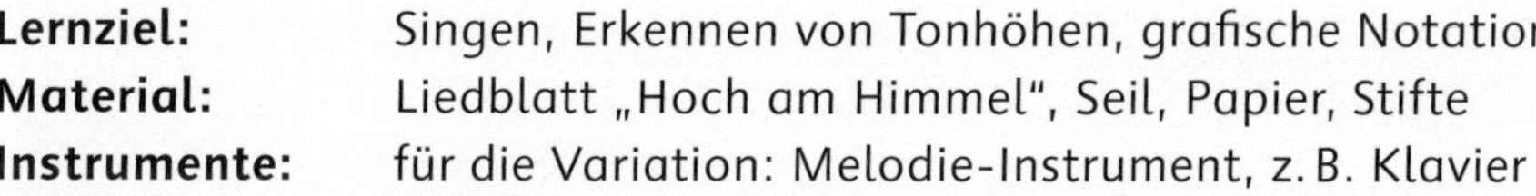

Lernziel: Singen, Erkennen von Tonhöhen, grafische Notation
Material: Liedblatt „Hoch am Himmel“, Seil, Papier, Stifte
Instrumente: für die Variation: Melodie-Instrument, z. B. Klavier
Zeit: 15 Minuten
Klassenstufen: 1–2

So geht's:
Kopieren Sie das Liedblatt für jedes Kind.

Singen Sie das Lied zunächst mit den Kindern, indem Sie verschiedene Tiere einfügen und deren Stimmen nachahmen. Auch Gegenstände, die Geräusche machen, können dargestellt werden, z. B. eine Waschmaschine, ein Telefon oder ein Auto.

Fordern Sie die Kinder dazu auf, „hoch“ und „tief“ im Lied mit entsprechenden Gesten zu zeigen.

Tipp: Viel Spaß macht es, das Lied „falsch herum“ mit Gesten zu begleiten: Bei „hoch“ zeigen die Kinder auf den Boden, bei „tief“ nach oben.

Legen Sie ein Seil gerade auf den Boden. Singen Sie das Lied, indem Sie bei „hoch“ in der oberen Hälfte des Raums stehen, bei „tief“ darunter. Diese Übung wird fortgeführt, indem die Kinder der Reihe nach einige hohe oder tiefe Töne singen, woraufhin die Klasse sich passend über oder unter die Seil-Linie stellt. An der Tafel oder auf einem Blatt Papier erfinden die Kinder eigene Zeichen, um von „hoch“ und „tief“ zu differenzierteren Tonhöhen zu kommen: Wie sehen „noch höher“ und „ganz hoch“ aus? Wie kann man immer tiefer werdende Töne aufschreiben?

Die Übung eignet sich zur Einführung der Notenlinien und kann zur Tonleiter hinführen.

Variation:
Spielen Sie auf- und absteigende Töne auf dem Klavier oder einem anderen Melodie-Instrument und lassen Sie die Kinder dazu ihre eigenen Zeichen malen.

HOCH AM HIMMEL

Melodie und Text: überliefert

9 *HORCH GENAU!*

Lernziel: Konzentration, genaues Hinhören, Stilleübung
Material: mechanischer Kurzzeitwecker mit hörbarem Ticken
Instrumente: keine
Zeit: 5 Minuten
Klassenstufen: 1–4

So geht's:

Das Spiel eignet sich besonders gut für das Ende einer Stunde, wenn bereits alle Materialien weggeräumt sind, aber noch etwas Zeit ist.

Ein bis zwei Kinder werden kurz hinausgeschickt. Verstecken Sie währenddessen im Klassenraum den Kurzzeitwecker, den Sie zuvor auf zwei (oder mehr) Minuten gestellt haben. Die wieder hereingerufenen Kinder versuchen, anhand des Geräuschs die Uhr zu finden, es muss also die gesamte Klasse sehr leise sein. Klingelt die Uhr, bevor sie gefunden wird, so haben Sie gewonnen, finden die Kinder sie jedoch vorher, so sind sie die Sieger. Wenn Sie möchten, können Sie eine Belohnung für diesen Fall ausgeben, zum Beispiel, dass die beiden Kinder am nächsten Tag neben Ihnen im Stuhlkreis sitzen oder ein Spiel aussuchen dürfen.

Variation:

Verstecken Sie statt des Weckers einen beliebigen anderen, zuvor festgelegten Gegenstand und schicken Sie nur ein Kind hinaus. Es richtet sich beim Suchen diesmal nach den Geräuschen, die seine Mitschüler machen. Wie beim „Heiß und kalt"-Spiel trommeln diese leise auf den Tisch, wenn es „kalt" ist, das Kind also weit vom Gegenstand entfernt sucht. Wird es „wärmer" oder gar „heiß", trommeln die Mitschüler entsprechend lauter, bis der Gegenstand schließlich gefunden wird. Diese Variante können Sie auch gut als Geburtstagsspiel verwenden, indem Sie für das Geburtstagskind ein kleines Geschenk (Süßigkeit, Hausaufgaben-Gutschein) verstecken.

10 LIEDER-RATEN

Lernziel: Konzentration, soziales Lernen
Material: Tafel, Kreide, Karteikarten; für die Variation: Arbeitsblatt mit bildlich dargestellten, bekannten Liedern
Instrumente: keine
Zeit: 10 Minuten
Klassenstufen: 1–4

So geht's:
Ein Kind geht an die Tafel und zeichnet einen Liedtitel, den die Mitschüler erraten sollen. Dieser wird aber nicht einfach hineingerufen, sondern muss gesungen werden. Je nach Klassenstufe dürfen es auch Titel aus dem Englischunterricht oder der aktuellen Hitparade sein. Die Kinder sollten allerdings bedenken, dass deutsche Titel leichter zu erraten sind. Wer zuerst das richtige Lied singt, darf als Nächstes an die Tafel gehen.

Tipp: Sammeln Sie mit den Kindern möglichst viele Liedertitel und schreiben Sie sie auf Kärtchen. Wem kein Lied einfällt, der kann eines der Kärtchen ziehen. Die Sammlung sollte regelmäßig ergänzt werden.

Möglich ist auch, die Liedertitel nicht zu malen, sondern pantomimisch darzustellen.

Variation:
Bereiten Sie ein Arbeitsblatt vor, auf dem Sie mehrere Lieder, die die Kinder kennen, bildlich darstellen. Bearbeiten Sie es gemeinsam, indem Sie die jeweiligen Titel der Reihe nach singen, oder lassen Sie die Kinder die Namen der Lieder unter die Bilder schreiben. Ein oder zwei Felder des Blattes bleiben leer. Hier können die Kinder selbst zu einem Lied malen. Das Blatt wird dann mit dem Nachbarn getauscht, der versucht, die gemalten Liedtitel zu erraten.

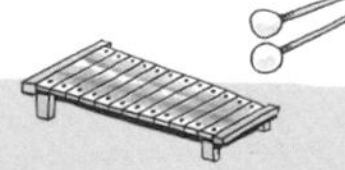

11 DIRIGENT UND ORCHESTER

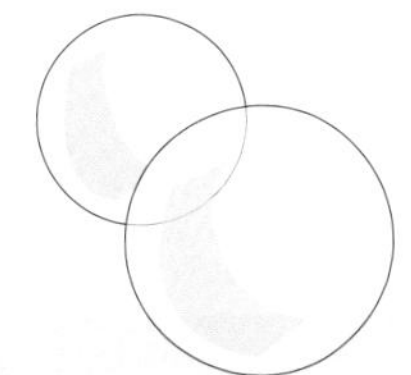

Lernziel: Konzentration, soziales Lernen
Material: keines
Instrumente: für jedes Kind ein beliebiges
Zeit: 15 Minuten
Klassenstufen: 1–4

So geht's:
Die Kinder stehen je nach Klassengröße nebeneinander in einer Reihe oder im Halbkreis, jedes hat ein Instrument. Stellen Sie sich selbst als „Dirigent" einem Kind gegenüber und spielen ihm einen Rhythmus vor. Warten Sie so lange, bis das Kind ihn übernommen hat, und gehen dann zum nächsten, während das erste Kind sein Muster immer wieder wiederholt. Bei den jüngeren Kindern empfiehlt es sich, jedem denselben Rhythmus vorzugeben. Ältere Kinder können auch unterschiedliche bekommen. Zunächst sollten Sie am besten der Reihe nach jedes Gruppenmitglied nacheinander mit einem Rhythmus anspielen, später können Sie auch kreuz und quer mal auf der einen, mal auf der anderen Seite dirigieren.

Variation:
Beginnen Sie das Spiel wie gehabt. Anders als bei der ersten Variante bleiben allerdings nicht Sie der Dirigent, sondern diese Rolle wird von Gruppenmitglied zu Gruppenmitglied weitergegeben: Sie beginnen, übergeben einem Kind Ihren Rhythmus, das ihn aufnimmt und nachspielt, ihn zu einem anderen Kind bringt usw., bis am Ende alle den Rhythmus übernommen haben.

Tipp: Schließen Sie ein Dirigenten-Spiel an, das erfahrungsgemäß sehr beliebt ist. Dafür geht ein Kind vor die Tür, ein anderes wird als Dirigent ausgewählt. Sobald das erste Kind wieder hereingerufen wurde, beginnt der Dirigent mit verschiedenen Bewegungen, z. B. klatschen, patschen, Hände reiben, oder spielt pantomimisch verschiedene Instrumente. Alle anderen Kinder machen dem Dirigenten die Bewegungen nach, versuchen aber, ihn dabei nicht allzu auffällig anzusehen. Kann das Kind, das zuvor draußen war, den Dirigenten identifizieren?

12 ZWILLINGS-INSTRUMENTE

Lernziel: Konzentration, genaues Hinhören, Instrumentenkunde
Material: keines
Instrumente: beliebig, alle Instrumente müssen doppelt vorhanden sein; für die Variation: Melodie-Instrumente
Zeit: 10 Minuten
Klassenstufen: 1–2

So geht's:
Die Kinder sitzen mit dem Rücken zur Mitte im Kreis. Jeder bekommt ein Instrument, dabei ist jedes doppelt vergeben. Gehen Sie um den Kreis herum und bitten Sie ein Kind durch eine kleine Geste oder eine Berührung, auf seinem Instrument zu spielen.

Wer hat das gleiche Instrument, also den Zwilling dazu? Sobald ein Kind meint, erkannt zu haben, dass sein Instrument das gesuchte ist, spielt es mit dem anderen Kind mit.

Beide rufen nun laut den Namen ihres Instruments – stimmen sie überein? Dann haben die Zwillinge sich tatsächlich gefunden. Je nach Größe der Klasse und vorhandenen Instrumenten können sich auch Drillinge suchen oder ganze Familien mit vier oder mehr Mitgliedern.

Variation:
Spielen Sie das Spiel mit Stabspielen oder anderen Melodie-Instrumenten. Ein Kind spielt einen einzelnen Ton, die anderen müssen diesen auf ihrem Instrument finden und dazu spielen. Diese Variante ist recht schwierig und die Kinder müssen besonders intensiv lauschen. Sind sie im Umgang mit Melodie-Instrumenten bereits geübt, können sogar kleine melodische Motive vorgegeben und nachgespielt werden.

Weisen Sie aber das erste Kind darauf hin, dass seine Melodie nicht zu lang und kompliziert sein darf, weil es sonst den Mitschülern unmöglich ist, sie nachzuspielen. Als Hilfe können Sie diese schwierigste Variante zunächst mit Sichtkontakt ausprobieren, sodass die Nachahmer einen ungefähren Eindruck haben, wo in etwa sich die gesuchten Töne befinden.

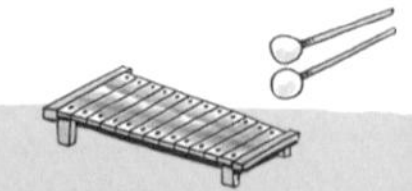

13 DIRIGENT MIT FEINEN OHREN

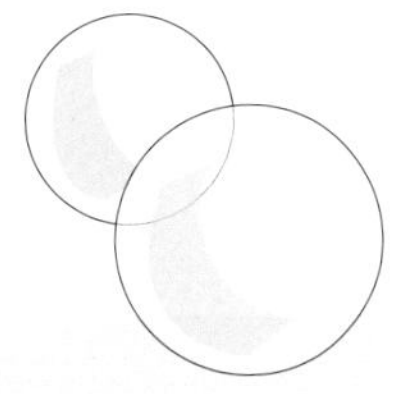

Lernziel: Konzentration, genaues Hinhören
Material: keines
Instrumente: für die Variation: Instrumente, deren Klänge sich deutlich voneinander unterscheiden
Zeit: 15 Minuten
Klassenstufen: 1–2

So geht's:
Ein Kind wird als Chorleiter bestimmt, der beweisen soll, welch gute Ohren er hat. Die übrigen Kinder spielen die Chorsänger und stehen im Kreis um den Chorleiter herum. Dieser schließt die Augen, woraufhin die Sänger ihre Plätze tauschen. Der Chorleiter weiß jetzt also nicht mehr, wer an welchem Platz steht. Mit weiterhin geschlossenen Augen deutet er in irgendeine Richtung im Kreis, der Chor hat inzwischen begonnen, ein beliebiges Lied zu singen. Sobald der Chorleiter auf ein Kind gezeigt hat, verstummt der Chor und nur noch dieses eine Kind singt.

Der Chorleiter versucht zu erraten, wer der Solist ist. Schafft er es, wird er selbst zum Chormitglied und das erratene Kind zum neuen Chorleiter.

Erfahrungsgemäß trauen sich bei diesem Spiel auch eher schüchternere Kinder, die sonst nicht allein vorsingen würden, ihr Solo zu singen.
Es ist wichtig, dass die Kinder ihre Stimme nicht verstellen, damit der Chorleiter eine Chance hat.

Variation:
Spielen Sie das Spiel wie oben und nehmen Sie Musikinstrumente hinzu. Der Chor begleitet seinen Gesang damit, ebenso das Kind, das solo singt. Der Chorleiter muss nun noch besser aufpassen, denn neben dem Gesang muss er auch noch das verwendete Instrument identifizieren und benennen.

14 STÖRSENDER

Lernziel: Bewegung, Konzentration
Material: keines
Instrumente: laute Instrumente (z. B. Trommel, Gong, Klangbausteine) und leise Instrumente (z. B. Fingerzimbeln, Glöckchen), für jedes Kind eines
Zeit: 10 Minuten
Klassenstufen: 1–2

So geht's:
Teilen Sie die Klasse in zwei Gruppen ein, die etwa gleichgroß sein sollten. Die erste Gruppe bekommt laute Instrumente, die andere Gruppe die leisen. Alle Kinder bewegen sich musizierend durch den Raum. Die laute Gruppe findet einen gemeinsamen Rhythmus und spielt ihn laut und gleichmäßig. Die Kinder mit den leisen Instrumenten haben die Aufgabe, diese so einzusetzen, dass sie den lauten Rhythmus stören und die Musiker der ersten Gruppe durch ihr Spiel durcheinanderbringen.

Variation:
Teilen Sie die Klasse in drei Gruppen ein. Die Gruppen sitzen verteilt im Raum auf dem Boden. Die Instrumente sind nun gemischt, sodass in jeder Gruppe etwa gleich viele leise und laute vorhanden sind. Gruppe 1 versucht nun, Gruppe 2 den Rhythmus eines zuvor heimlich ausgewählten Liedes vorzuspielen, sodass diese ihn erkennen und wiederholen kann. Gruppe 3 funkt jedoch als Störsender dazwischen und versucht, die Übertragung des Rhythmus an die andere Gruppe zu verhindern.

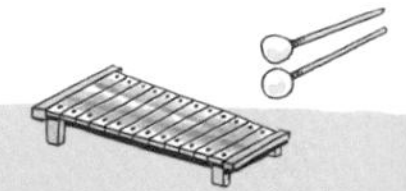

15 ROBO ROBOTER

Lernziel: Bewegung
Material: Text „Robo Roboter"
Instrumente: keine
Zeit: 10 Minuten
Klassenstufen: 1–2

So geht's:
Kopieren Sie den Text für jedes Kind.

Die Kinder stellen Roboter dar, die zunächst bewegungslos im Raum stehen. Machen Sie dann eine möglichst eckige Bewegung vor, z. B. den rechten Arm ruckartig herauf- und herunterbewegen. Die Roboter machen die Bewegung nach.

Wenn alle sie korrekt ausführen, nehmen Sie eine zweite Bewegung dazu, zum Beispiel den linken Arm gegengleich bewegen. Nach und nach kommen immer mehr Bewegungen hinzu, bis Sie schließlich durch ein Klatschen alle Roboter ausschalten.

Sprechen Sie gemeinsam im Rhythmus, aber möglichst mechanisch und ausdruckslos den Vers und machen Sie die im Text angegebenen Bewegungen.

ROBO ROBOTER

Schaut euch Robo Roboter an,
was der Robo Roboter kann:
dreht sich jetzt im Kreis herum,
fideldi und fideldum.

Schaut euch Robo Roboter an,
was der Robo Roboter kann:
geht jetzt vorwärts, Schritt für Schritt,
fideldi und fideldit.

Schaut euch Robo Roboter an,
was der Robo Roboter kann:
wackelt mit dem Robopo,
fideldi und fideldo.

Schaut euch Robo Roboter an,
was der Robo Roboter kann:
hebt die Arme jetzt im Nu,
fideldi und fideldu.

Schaut euch Robo Roboter an,
was der Robo Roboter kann:
Fideldi und fideldaus,
Robo Roboter ist jetzt aus.

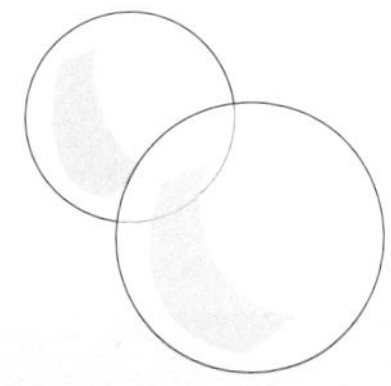

16 AUF DEM JAHRMARKT IST WAS LOS

Lernziel: Fantasie, Kooperation
Material: keines
Instrumente: Triangel
Zeit: 15 Minuten
Klassenstufen: 1–4

So geht's:
Teilen Sie die Klasse in Kleingruppen ein. Jede Gruppe soll Teil eines Jahrmarktes werden. Es gibt dort Karussells, Auto-Scooter, eine Riesenrutsche, eine Geisterbahn usw. Die Kinder einigen sich in ihrer Gruppe untereinander, welche Rolle sie gemeinsam übernehmen wollen und wie sie das machen: Die Karussel-Gruppe bildet einen Kreis, der sich beständig dreht, die Geisterbahn-Kinder schleichen gebückt herum usw. Die passenden Geräusche machen die Mädchen und Jungen mit der Stimme.

Nach einer kurzen Phase des Ausprobierens geht es los.
Sprechen Sie den Vers.

> Auf dem Jahrmarkt ist was los,
> Riesenspaß für Klein und Groß!
> Schaut doch mal, dort drüben
> ist das Karussell (der Autoscooter, die Geisterbahn ...)!

Die genannte Gruppe geht in die Mitte und macht ihre Bewegungen und ihre Töne dazu. Waren alle Gruppen an der Reihe, schlagen Sie einmal die Triangel an. Für die Kinder ist das das Zeichen, dass die Gruppe sich eine neue Rolle suchen muss. Es dürfen auch Szenen wiederholt werden.

Tipp: Setzen Sie in den Vers den Namen Ihres regionalen Jahrmarktes ein, sofern vorhanden: „Auf dem Freimarkt ist was los (Bremen) ...", „Auf der Wies'n ist was los (München) ...", „Auf der Kirmes ist was los ..." usw.

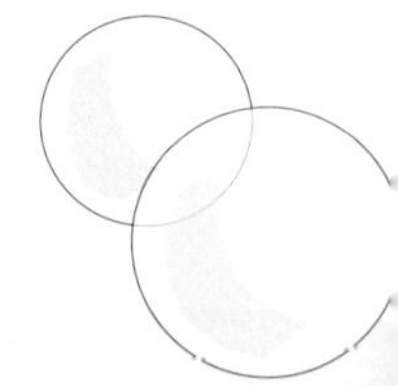

17 MEIN FUSS TIPPT, WIE MEIN HERZ KLOPFT

Lernziel: Entspannung, Sinne
Material: für die Variation: evtl. Musik-CD, Handtrommel mit Schlägel
Instrumente: keine
Zeit: 10 Minuten
Klassenstufen: 2–4

So geht's:
Die Kinder sitzen entspannt auf ihren Stühlen. Jeder fasst leicht mit zwei Fingern an die Innenseite des anderen Handgelenks oder an den Hals, um den eigenen Pulsschlag zu finden. Sobald die Kinder den Rhythmus des eigenen Herzschlags erfasst haben, beginnen sie damit, im Takt mit einem Fuß auf den Boden zu tippen. Diese Übung wird oft als sehr eindrucksvoll empfunden, weil der eigene Puls in der Regel nicht bewusst wahrgenommen wird.

Variation:
Jedes Kind sucht sich einen Partner und versucht, dessen Puls zu fühlen und mit dem Fuß zu klopfen.

Laufen Sie dann gemeinsam (evtl. zu einem Musikstück von einer CD) einige Minuten auf der Stelle. Wieder wird der eigene Puls gesucht und mit dem Fuß nachvollzogen. Wie hat er sich durch die Bewegung verändert?

Nehmen Sie, sobald die Kinder verinnerlicht haben, dass der Puls bei Bewegung schneller wird, eine Handtrommel mit Schlägel hinzu. Die Trommelschläge stellen den Herzschlag dar. Spielen Sie sehr gleichmäßige Schläge, zuerst langsam („So klingt es, wenn wir sitzen"), dann schneller („und so klingt es, wenn wir laufen"). Die Kinder bewegen sich entsprechend zu den Klängen langsamer, dann schneller.

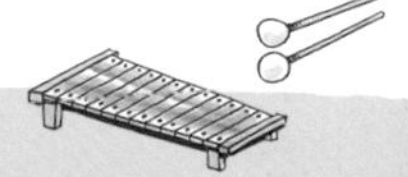

18 CD-KÜNSTLER

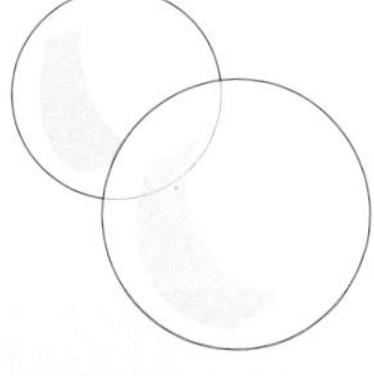

Lernziel: Fantasie
Material: mitgebrachte Lieblings-CDs der Kinder, Papier, Stifte, Zeitschriften, Schere, Kleber
Instrumente: keine
Zeit: mind. 45 Minuten
Klassenstufen: 1–4

So geht's:
Jedes Kind bringt von zu Hause eine CD mit, die ihm besonders gut gefällt. Die Schüler stellen im Kreis ihre CD vor. Wer sich traut, singt einen kurzen Abschnitt daraus vor.

Geben Sie den Kindern dann folgende Aufgabe:

> „Stell dir vor, deine Lieblings-CD soll ein neues Cover bekommen und du darfst es entwerfen. Du kannst schreiben, malen oder auch Bilder aus Zeitschriften ausschneiden und aufkleben. Da es sich nur um einen Entwurf handelt, darfst du mit etwas größerem Papier arbeiten, als das Cover wirklich ist, und hast daher mehr Platz für deine Ideen. Denk bitte daran, dass der CD-Titel und der Künstlername auf dem Cover stehen müssen."

Die Kinder falten ein DIN-A4-Blatt diagonal so, dass sie das untere Rechteck abschneiden können und ein Quadrat entsteht. Dieses gestalten sie nach ihren Wünschen. Sind alle Cover fertig, werden sie in der großen Runde vorgestellt.

Tipp: Je nachdem, wie die Kinder auf diese Idee eingehen, können Sie die Arbeit erweitern, indem Sie die Schüler nicht nur die Vorderseite des Covers, sondern das komplette Booklet neu gestalten lassen. Nehmen Sie dafür zunächst einige fertige CDs auseinander und zeigen Sie den Kindern, wie die Booklets aussehen. Manche haben mehrere Seiten mit den kompletten Texten, manche bestehen nur aus einem einzigen Blatt. Auch hinten in der CD-Hülle liegt noch ein Einleger, auf dem zumeist die Reihenfolge der Titel notiert ist. Die Kinder kleben sich ein Booklet nach ihren eigenen Wünschen zusammen und gestalten es.

19 JEDER SINGT EIN HALBES LIED

Lernziel: Singen, Konzentration
Material: keines
Instrumente: für die Variation: Holzinstrumente, Trommeln
Zeit: 5 Minuten
Klassenstufen: 3–4

So geht's:
Setzen Sie sich gemeinsam in einen Kreis. Bilden Sie durch Abzählen (1 – 2, 1 – 2 usw.) zwei Gruppen. Wählen Sie ein Lied aus, das die Klasse gut kennt. Es wird heute auf eine besondere Art gesungen: Gruppe 1 singt das erste Wort, Gruppe 2 das zweite, Gruppe 1 das dritte, es folgt das vierte von Gruppe 2 usw. So geht es, bis das Lied komplett gesungen ist – aber jedes Kind hat eigentlich nur ein halbes Lied gesungen. Das Spiel erfordert viel Konzentration und ist recht schwierig. Sie können es den Kindern leichter machen, wenn Sie die Gruppen mit etwas Abstand voneinander hinsetzen und mit sehr deutlichen Zeigegesten dirigieren.

Variation:
Wechseln Sie nicht wort-, sondern zeilen- oder strophenweise ab, so ist die Aufgabe einfacher. In diesem Fall können auch Instrumente hinzugenommen werden. Am besten wählen Sie solche aus, deren Klänge sich deutlich voneinander unterscheiden, z. B. Holzinstrumente für Gruppe 1, Trommeln für Gruppe 2. Jede Gruppe spielt nur dann auf ihren Instrumenten, wenn sie selbst gerade singt, oder – schwieriger – immer dann, wenn gerade die andere Gruppe singt.

Tipp: Sie können diese Idee auch in Verbindung mit anderen Inhalten verwenden. Lassen Sie die Kinder doch einmal das Alphabet, eine Einmaleinsreihe oder die Namen der Monate abwechselnd sprechen. Solche kleinen Aufgaben lassen sich gut am Ende einer Stunde einschieben, wenn noch etwas Zeit übrig ist.

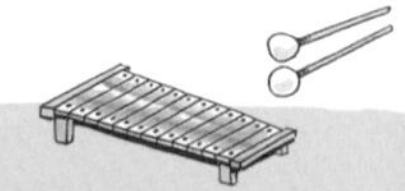